W0066216

Von Joschka Fischer ist bei Knaur außerdem erschienen:

Für einen neuen Gesellschaftsvertrag

Über den Autor:

Joschka Fischer, geboren 1948 in Gerabronn, war bereits in den achtziger Jahren Mitglied des Bundestags und von 1994-1998 Sprecher der Fraktion *Bündnis 90/Die Grünen* im Deutschen Bundestag. Seit dem 27. Oktober 1998 ist Fischer Bundesminister des Auswärtigen Amtes und Vizekanzler der Bundesrepublik Deutschland.

Joschka Fischer

Mein langer Lauf zu mir selbst

Mit einem Nachwort
von Herbert Steffny

Knaur

Besuchen Sie uns im Internet:
www.knaur.de

Vollständige Taschenbuchausgabe 2002
Droemersche Verlagsanstalt Th. Knaur Nachf., München
Copyright © 1999 by Verlag Kiepenheuer & Witsch, Köln
Umschlaggestaltung: ZERO Werbeagentur, München
Umschlagabbildung: AP Photo / Eckehardt Schulz, Frankfurt / Main
Satz: Ventura Publisher im Verlag
Druck und Bindung: Clausen & Bosse, Leck
Printed in Germany
ISBN 3-426-62208-4

2 4 5 3 1

Inhalt

I
In der Sackgasse

Die menschliche Zivilisation verfügt über viele Segnungen und gar manche Krankheiten, wobei die Segnungen – so meine ganz persönliche Meinung – per Saldo überwiegen. Dies gilt vor allem für die westlichen Wohlstandsgesellschaften unserer Zeit, zumindest legt dies ihre fast universell zu nennende Attraktivität für die Menschen aller Kontinente und Kulturen mehr als nahe. Allerdings gibt es seit der Vertreibung von Adam und Eva aus dem Garten Eden in unserem irdischen Jammertal nichts, wirklich gar nichts von Menschenhand Geschaffenes, das neben dem Angenehmen nicht auch seine Schattenseiten hätte. Alle Welt strebt nach Wohlstand und materieller Sicherheit, und hat man diese dann erreicht, so plagt man sich zu guter Letzt mit deren unerwünschten Nebenwirkungen herum. Eine heute weitverbreitete Zivilisationskrankheit in den reichen Industrieländern, die das körperliche und psychische Wohlbefinden zahlloser Menschen einschränkt und selbst für erhebliche Gesundheitsschäden und gewaltige Kosten im Gesundheitssystem verantwortlich ist – es gibt Hochrechnungen, die davon ausgehen, daß 30 bis 50 Prozent der Kosten im Gesundheitswesen durch Bewegungsmangel verursacht werden –, ist ohne jeden Zweifel eine massenhaft auftretende Übergewichtigkeit. Zu viele Menschen werden einfach zu dick und schädigen sich und ihre Gesundheit dadurch ganz erheblich. Man könnte deshalb die Fettleibigkeit auch die »Krankheit am Überfluß« nennen.

Es ist eine der himmelschreienden Absurditäten der Gegenwart, daß nach wie vor Millionen von Menschen auf diesem Globus hungern und an Hunger sterben – nach Auskunft des *Welternährungsprogramms der Vereinten Nationen* zum Jahresbeginn 1999 leiden weltweit 800 Millionen Menschen an Unterernährung –, während gleichzeitig weitere zig Millionen von Menschen angesichts eines bisher nie dagewesenen materiellen Überflusses und einer mit der modernen Zivilisation einhergehenden endemischen Bewegungsarmut schlicht zu dick geworden sind und demnach am Gegenteil, an Überernährung leiden. Und dies betrifft in den reichen Ländern dieser Erde keineswegs nur die Oberschicht, sondern geht quer durch die gesamte Bevölkerung. Allein in der Bundesrepublik Deutschland gelten ca. 20 Prozent der Bevölkerung als übergewichtig, dabei ist der Anteil der Frauen etwas höher als der der Männer. 25 Millionen Deutsche, also mehr als ein Viertel der Gesamtbevölkerung, fühlen sich nach Auskunft von Verbraucherorganisationen zu dick. Ohne jeden Zweifel spielt dabei die Ernährung ebenso wie die Bewegungsarmut eine entscheidende Rolle, wobei es bei der Ernährung nicht nur um die Menge, sondern auch um die Art, die Qualität und die Zusammensetzung geht. Hinter der falschen Ernährung steht gewiß ein hohes Maß an mangelnder Information, an Bequemlichkeit und Stumpfsinn, allzuoft aber weisen Gewichtsprobleme auch auf tieferliegende psychologische Konflikte hin. Vor allem um die Schwelle des vierten Lebensjahrzehnts herum wird es für viele gefährlich, zu einem Zeitpunkt, an dem der biologische Alterungsprozeß sich allzuoft mit sehr ernsten biographisch-psychologischen Konflikten zu einer unheilvollen Mischung verbindet, die zu mampfenden Exzessen und deren unerwünschten gewichtigen Folgen führen kann.

Wie so oft im Leben sind gerade die am schwierigsten zu lösenden Dinge *theoretisch* meist von erhabener Einfachheit. Dies gilt auch für die Frage der Übergewichtigkeit. Um zu leben, muß der Mensch essen und trinken. Unser Organismus ist durch die Evolution nicht nur auf seine Selbsterhaltung mittels Nahrungsaufnahme und Fortpflanzung ausgerichtet, sondern vor allem auch darauf, daß unsere Selbsterhaltung nicht unter den paradiesischen Umständen von Frieden und Überfluß stattfindet, sondern vielmehr in einer Umwelt, die durch zahlreiche Bedrohungen und meist auch durch eine die individuelle menschliche Existenz gefährdende physische Mangelsituation an Lebensmitteln gekennzeichnet ist. Die Evolution hat unseren Organismus auf genau diese gefahrvolle Mangelsituation eingestellt, genauso wie wir die anderen entsprechenden biologischen Voraussetzungen mitbekommen haben, um unter den natürlichen Bedingungen, innerhalb deren sich der Homo sapiens eben entwickelt hat, mehr schlecht als recht für eine bestimmte Zeit zu überleben. Daß dabei die unteren Extremitäten, vulgo auch Beine genannt, und deren an- und ausdauernde Bewegung für unsere Reproduktion und damit auch für die Entwicklung und die Befindlichkeit unseres gesamten Organismus eine zentrale Bedeutung hatten, läßt sich bis heute unschwer an den Proportionen unseres Körpers ablesen. Wir sind von Mutter Natur als Lauftiere entwickelt worden, fernab von Automobilen, Flugzeugen und einer überwiegend sitzenden Bürotätigkeit, eine Erbschaft unserer Vorfahren aus den ostafrikanischen Savannen, die uns bis auf den heutigen Tag erhalten geblieben ist. »Die evolutionsbiologische Verankerung des Laufens im menschlichen Organismus ist auch daran ersichtlich, daß ein leidlich trainierter Läufer stundenlang laufen kann, ohne Schaden zu nehmen, ja, daß er nach einer bestimmten Laufzeit so etwas wie eine zusätzliche Schubkraft verspürt. Der menschliche Organismus läßt Dauerläufe über mehrere hundert Kilometer zu, ein Indiz für den früheren Überlebenswert dieser Fähigkeit und für eine Kraftreserve, die nur zum Laufen zur Verfügung steht. Der Mensch ist nun einmal zum Laufen geboren ...«[1]

1 Willi Köhler – Der aufrechte Läufer. Anmerkungen zur Evolution des Menschen; aus: Zur Psychologie des Laufens, hrsg. von Reiner Stach, Frankfurt/M. 1995, S. 96.

Wegen der Kürze der Zeit haben die heute in der Arbeitswelt der westlichen Wohlstandsgesellschaften dominierenden sitzenden Tätigkeiten noch keinen Eingang in die evolutionäre Anpassung des menschlichen Organismus finden können, denn ansonsten würden sich Geläuf und Gesäß in einem umgekehrt proportionalen Verhältnis zueinander befinden. Die Langsamkeit der Evolution bei der Anpassung der Arten an veränderte Umweltbedingungen schafft so in den modernen Gesellschaften mit ihren Büros und Computern vielen Menschen ein nicht unerhebliches körperliches und psychisches Problem. Die Energietanks ihres Körpers, die Fettzellen, ausgelegt für das karge, mühselige und gefahrvolle Leben eines altsteinzeitlichen Jägers, fangen an, sich durch permanente Unterforderung einerseits und ebenso permanente Überfüllung andererseits zu verselbständigen. Die Reservetanks des Hauptenergiespeichers Fett quellen über, und der Körper wird unförmig, schwer und schließlich krank.

Die Ernährung war und ist die alltäglich sich wiederholende und immer wieder erneut und unter Aufbietung aller Kräfte zu sichernde Grundlage jeder menschlichen Selbsterhaltung. »Das Sein bestimmt das Bewußtsein«, so präzisierte weiland ein gewisser Karl Marx aus Trier die realen Verhältnisse zwischen Geist und Materie in der menschlichen Existenz. Und recht hatte er, denn die Sicherstellung der Ernährung formt die Grundlage aller Gesellschaft, aller Wirtschaft und aller Politik. Der Hunger war auch und gerade in Europa seit Jahrtausenden der ständige Begleiter der Menschen, und sein Verschwinden auf unserem Kontinent liegt gerade mal zwei bis drei Generationen zurück. Dürren, schlechte Ernten, Katastrophen, Kriege – meistens folgte darauf für die ärmeren Schichten das große Sterben durch den Hunger oder die Rettung durch Auswanderung. Die Überwindung des Mangels an Nahrung mittels moderner Anbaumethoden, Technologien, Verfahren und Organisation ist erst jüngeren Datums. In den früheren Mangelgesellschaften war die Übergewichtigkeit, war das Völlen und Prassen ein öffentlich dargestellter Ausweis von Reichtum und Macht. Der Überfluß war das Kennzeichen der wenigen Reichen und Mächtigen, der große Rest aber mußte um sein tägliches Brot sprichwörtlich ackern und kämpfen. Arme Leute litten damals nicht nur Hunger, sondern sie sahen auch danach aus (was sich etwa in dem Sprachbild des »Hungerleiders« erhalten hat), während die Reichen ihr Vermögen und ihre Stellung auch körperlich durch Fettleibigkeit repräsentierten.

In den modernen Gesellschaften mit ihrem Massenwohlstand und Massenkonsum, mit ihren industrialisierten Landwirtschaften, multinationalen Lebensmittelkonzernen, Handelsketten und ihrem gewaltigen Einsatz an Forschung, Technologie und Marketing betrifft nun die Übergewichtigkeit mitnichten nur die Reichen. Die Verhältnisse scheinen sich nahezu auf den Kopf gestellt zu haben. Wer heute über Besitz, Geld und Bildung verfügt, hält eher auf seine Figur bis ins hohe Alter. Millionen von

Menschen leiden heute unter ihrem Körpergewicht, fühlen sich zu dick, werden aufgrund ihres großen Übergewichts sogar ernsthaft krank bis hin zum Tode. Diabetes und vor allem Herz-Kreislauf-Erkrankungen gehen zu einem beträchtlichen Teil auf falsche Ernährung und Übergewicht zurück, die Infarkthäufigkeit bei Übergewichtigen ist um ein Vielfaches höher als bei Normalgewichtigen. Also müßte doch die schlichte Schlußfolgerung lauten: weniger Essen und mehr Bewegung. Wie gesagt, *theoretisch* ist das Problem von erhabener analytischer Schlichtheit, praktisch türmen sich jedoch ganz offensichtlich nur schwer zu überwindende Hindernisse vor den vielen Übergewichtigen auf, wenn sie ihr Leiden nachhaltig kurieren wollen.

Eine ganze Industrie des schlechten Gewissens lebt heute von der Zivilisationskrankheit der Übergewichtigkeit, die Jahr für Jahr ein weltweites und zugleich milliardenschweres Geschäft nach sich zieht. Und in der Tat, die Qual mit den überflüssigen Pfunden ist groß, und ebenso groß ist oft die Verzweiflung der Betroffenen und der tiefe Frust der an den zahllosen Diäten Gescheiterten. Entsprechend groß sind demnach aber auch die Versprechungen und der Umsatz der Rettung versprechenden Industrie. »Abnehmen im Schlaf« heißt das jüngste teure Versprechen solcher Geschäftemacher, und sie bieten alles an, womit aus dem schlechten Gewissen von dicken Menschen Geld gemacht werden kann: Diäten und Kuren sind noch der seriösere Teil, Mittelchen, Getränke, Appetitzügler, grausam schmekkende Breie und Schleime, kurz alles, was die moderne Pharma- und Nahrungsmittelindustrie, was Medizin, Ernährungsphysiologie und auch Scharlatanerie und schlichte Beutelschneiderei aufbieten können, wird auf einen jährlich wachsenden Markt geworfen. Und allein die Tatsache, daß dieser Markt der Schlankheitsversprechen beständig wächst, muß doch zumindest für vernünftige Menschen den Verdacht der mangelnden Tauglichkeit der meisten der verkauften Mittel und Rezepturen nahelegen.

* * *

Damit Sie, verehrte Leserin, verehrter Leser, bei der Lektüre keinem Irrtum unterliegen, möchte ich hier gleich zu Beginn zwei Dinge klarstellen: In diesem Buch wird nicht abstrakt räsoniert, sondern ausschließlich über meine eigenen Erlebnisse und praktischen Erfahrungen berichtet. Ich kann und muß bei diesem Thema vor allem über mich selbst sprechen, das heißt, die Subjektivität meines folgenden Berichts läßt sich nicht umgehen. Und zweitens weiß ich aus eigener jahrelanger und leidvoller Erfahrung nur zu gut, wovon und worüber ich bei diesem Thema rede und schreibe. Häme oder gar eine hochnäsige Besserwisserei gegenüber anderen sind mir bei der Erörterung des Problems der Übergewichtigkeit deshalb weiß Gott fremd, ich kann für mich beanspruchen, all die psychischen Tiefen als Ergebnis von Übergewichtigkeit und zahllosen gescheiterten Ausbruchsversuchen selbst durchlebt und vor allem durchlitten zu haben. Noch im Sommer 1996 brachte ich bei meinen 181 cm Körpergröße gewaltige 112 kg – sehr kurzatmig geworden – auf die Waage, ein gutes Jahr später hatte ich wieder 75 kg erreicht und den kurzen Atem Gott sei Dank längst hinter mir – ohne Abmagerungskuren, ohne chemische Mittel, ohne Spezialdiäten, ohne Therapien und ohne für diese umfassende Verschlankung der eigenen Person viel Geld auszugeben. (Apropos Geld: Am teuersten war die völlig neue Garderobe, die ich mir zulegen mußte, aber genau dies hat mir eine Riesenfreude gemacht. Es war einfach nur ein herrliches Erfolgserlebnis! Per saldo dürfte ich allerdings durch mein neues Leben einiges an Geld gespart haben, denn erhebliche Ausgaben für Speis und Trank fielen einfach und dauerhaft ersatzlos weg.)

Als Mensch des öffentlichen Lebens und damit auch des öffentlichen Interesses konnte ich diesen radikalen körperlichen Umbau – denn genau das hieß es, in einem guten Jahr fast vierzig Kilogramm abzunehmen und damit meine Konfektion von einer platzenden Größe 28 (die 20er Größen sind beim Herrn für den wachsenden Bauch gedacht) wieder auf jene die persönliche Befindlichkeit und das Selbstbewußtsein ungemein fördernde Konfektionsgröße 48 herunterzubringen – kaum verbergen, die Wirkung war zu offensichtlich. Meine körperliche Veränderung wurde folglich zum öffentlichen Thema (seit dem Regierungswechsel unterliege ich gewissermaßen einem öffentlichen *weight watching* durch die Boulevardpresse, denn jedes vermeintliche oder tatsächliche Kilogramm rauf oder runter wird zur Nachricht), und ich versuchte erst gar nicht, diesem Medieninteresse auszuweichen. So erreichten mich in den vergangenen zwei Jahren zahllose briefliche Anfragen von Leidensgenossen und deren Angehörigen, die alle wissen wollten, wie ich diese sichtbare und erhebliche Gewichtsreduzierung denn geschafft hätte und worin denn mein Geheimnis bestünde. »Was ist Ihre geheime Diät, Herr Fischer?« So oder ähnlich lautete immer wieder dieselbe, x-mal mündlich oder schriftlich gestellte Frage. Und darauf kann ich nur antworten, daß ich über kein Geheimnis verfüge und daß es auch keine geheime Wunderdiät des Joschka Fischer gibt.

Heute, nach all den Erfahrungen, langen Stunden des Nachdenkens und vielen Gesprächen weiß ich, daß meine 112 kg das Ergebnis der Tatsache waren, daß ich mich im Umgang mit mir selbst und meinem eigenen Körper verrannt, daß ich mit mir selbst und meinen Kräften über fast zwei Jahrzehnte einen schlimmen Raubbau betrieben hatte. Ich stand im August 1996 plötzlich vor einer privaten Katastrophe, die mich zu einem Neuanfang gezwungen hat, ansonsten hätte der persönliche Absturz im wahrsten Sinne des Wortes gedroht.

Es war nicht nur meine Ehe gescheitert, ich stand mit meiner ganzen persönlichen Lebensführung, mit meiner Alltagsgestaltung, mit meinem Umgang mit mir selbst vor einem ganz unmittelbar drohenden Debakel. Buchstäblich in einem Augenblick mußte ich mich entscheiden, und zwar sehr grundsätzlich: *Weitermachen wie bisher oder eine radikale Umkehr*, wenn ich an der Schwelle zu meinem 6. Lebensjahrzehnt nicht in die ernsthafte Gefahr geraten wollte, physisch und psychisch gewaltig unter die Räder zu kommen. Ich mußte also und wollte dann auch mein Leben ändern, denn die 112 kg – bei 181 cm Körpergröße und 48 Jahren Lebensalter – waren nur der sichtbare Ausdruck einer allgemeinen persönlichen Krise, die viel umfassender war und auch tiefer reichte, als ich mir bis dato gewagt hatte einzugestehen. Ergo konnte es nicht nur ums Abnehmen gehen, sondern es stand weitaus mehr zur Disposition. Ich mußte meinen gesamten Lebensstil ändern, meine bisherige Art zu leben, mich also vor allem selbst umkrempeln, ohne mich allerdings dabei aufzugeben oder gar zu verlieren – ja, und es hat funktioniert. Ganz hervorragend sogar.

In diesem Buch werde ich also vor allem eine Geschichte zu erzählen haben, wenn ich »das Geheimnis« meines »Erfolges« enthüllen soll. Es ist meine Geschichte. Man verzeihe mir also diese Ich-Bezogenheit, aber bei dem zu erörternden Thema und den zu schildernden Ereignissen läßt sich das einfach nicht anders machen. Ich werde demnach auf den folgenden Seiten in der ersten Person viel über mich selbst sprechen und von mir erzählen müssen, da sich nur so Ursache und Verlauf meiner Veränderung vom Mops zum Asketen für den interessierten Leser wird nachvollziehen und begreifen lassen.

Dies bedeutet auch: Dieses Buch hat kein Arzt, kein Ernährungsphysiologe, kein Therapeut, kein Sportmediziner, kein Trainer, kein Wissenschaftler und auch kein Laufprofi geschrieben, hier berichtet ein Betroffener von einem Selbstversuch, der erstaunlich positive Ergebnisse gebracht hat. Ernährung, Psychologie, Physiologie, Sportmedizin, Sportwissenschaft und Therapie – alles hat dabei eine Rolle gespielt, aber reflektiert und erkannt habe ich diese fachlichen Zusammenhänge oft erst im nachhinein, nachdem ich mich bereits spontan und ganz von selbst auf den Weg gemacht hatte und das erkenntnisleitende Interesse aus der Sache heraus dazu führte, mich zunehmend mit der entsprechenden Literatur zu beschäftigen oder auch den persönlichen Kontakt mit Experten zu suchen.

Die Experten und das Fachwissen haben mir sehr geholfen, aber erst, nachdem mein *Interesse* geweckt worden war, nachdem ich mich bereits selbst auf den Weg gemacht hatte. Erst also, nachdem ich persönlich dazu bereit war, ließ ich diese längst vorhandenen und allseits zugänglichen Informationen an mich heran, nahm sie auf und begann dann, sie mehr und mehr und zunehmend systematischer umzusetzen. Meine eigene persönliche Entscheidung aber stand am Anfang von allem, und nur der eigene Wille zu dieser Entscheidung gab mir überhaupt die Kraft, diesen Weg zu gehen und durchzuhalten. So wichtig der sachkundige Rat dann auch immer war und ist, zuerst und vor allem ging und geht es um die eigene Kraft zur Entscheidung. Das Leiden

Schlank und rank als frischgebackener Bundestagsabgeordneter 1983

an überflüssigen Pfunden allein reicht zu einer solchen Entscheidung aber ganz offensichtlich nicht aus, dazu bedarf es wesentlich mehr. Was genau? Darauf möchte ich auf den folgenden Seiten eine Antwort versuchen. Es hat eine Menge mit der eigenen Vergangenheit zu tun.

II
Das große Fressen

Wie und warum wurde ich eigentlich so dick (präziser gesagt: fett)? Anders gefragt: Weshalb wurde aus einem schlanken und ranken jungen Mann innerhalb einer Dekade ein wandelndes Faß von Mensch? Selbst im nachhinein ist das immer wieder eine gute Frage, denn als ich im März 1983 mit 35 Jahren zum ersten Mal als Abgeordneter in den Deutschen Bundestag einzog, war ich noch hübsch anzuschauen: ganze 75 Kilogramm schwer, ohne Bauch und überflüssige Pfunde, statt dessen muskulös und völlig austrainiert. All die Jahrzehnte zuvor hatte ich mit Begeisterung Sport getrieben, Sport gehörte eigentlich immer zu meinem Leben. In der Jugend hatte ich viele Jahre bei uns im Dorf im Verein Handball gespielt, Fußball sowieso fast täglich auf dem Bolzplatz, und mehrere Jahre hatte ich als Radrennfahrer in der Altersgruppe der B/A-Jugend Leistungssport betrieben, d. h. richtig heftig trainiert. Eine württembergische Meisterschaft im Mannschaftszeitfahren auf der Straße über 50 Kilometer für *Stuttgardia Stuttgart* war mein sportlicher Höhepunkt in diesem Lebensabschnitt gewesen. Damals, beim Training als Radrennfahrer, lernte ich so manches über Trainingsaufbau, Trainingsverhalten und Ernährung, was mir viele Jahrzehnte später plötzlich wieder in den Sinn kommen sollte und sich dann im weiteren Fortgang der Ereignisse durchaus als große Hilfe erweisen sollte.

Bereits als kleiner Steppke hatte ich mit dem Fußballspielen begonnen und dies über mehr als vier Jahrzehnte durchgehalten, selbst in meiner gewichtigsten Phase als schweratmendes Faß auf zwei Beinen. Und auch – da sei nicht darum herumgeredet – meine linksradikalen siebziger Jahre in der Frankfurter Spontiszene und im Häuserkampf verlangten ein hohes Maß an körperlicher Fitneß! Zudem war das alternative Leben der siebziger Jahre zwar materiell karg, gleichwohl aber in hohem Maße streßfrei und darüber hinaus von einer hohen Zeitsouveränität gekennzeichnet. Man konnte sich zwar kaum kompensatorischen Konsum leisten, hatte ihn in Anbetracht der hohen Zeitsouveränität allerdings auch fast nicht nötig und konnte sich intensiv mit sich selbst beschäftigen. Auch ich verfügte damals über lausig wenig Geld, hatte aber jede Menge Zeit, und die nutzte ich unter anderem zur beständigen körperlichen Ertüchtigung mittels regelmäßigen Trainings. Tägliche morgendliche Liegestütze und Sit-ups, mehrmals wöchentlich Bankdrücken mit Gewichten und Arbeit mit Hanteln und am Sandsack führten zu einem hervorragenden Trainingszustand und zum persönlichen Idealgewicht. Nur eines

Als junger Bundestagsabgeordneter 1983 in der Bundestagsauswahl

habe ich zeit meines gesamten Lebens niemals gerne gemacht, nämlich Laufen, Wandern, Dauerlauf gar, fand ich immer nur ätzend nervtötend, sterbenslangweilig und demnach ohne jeglichen persönlichen Anreiz. »Das Laufen ohne Ball ist mir zu langweilig«, war immer meine Devise gewesen, und so blieb es bis zum Herbst 1996 läuferisch allein bei jener mehr oder weniger regelmäßig einmal die Woche stattfindenden, zudem durch Alter und anwachsende Masse immer geringere Distanzen überwindenden Bewegung auf dem Fußballplatz.

* * *

Mitte Dreißig erreichen Mann und Frau in unserer Gesellschaft lebensgeschichtlich eine kritische Phase. Die Jugend geht definitiv zu Ende, zuerst nur unmerklich,

23

dann aber spürbar und immer schneller. Die Kurven der geistigen und der körperlichen Persönlichkeitsentwicklung kreuzen sich in dieser Zeit biographisch in einer gegenläufigen Richtung – die mentale Kurve steigt weiter an, während die Kurve der körperlichen Leistungsfähigkeit zunehmend und unerbittlich nach unten weist. An der biographischen Dreißigerschwelle wird man in der Regel endgültig erwachsen, das heißt, die eigene Persönlichkeitsbildung wird (im guten wie im schlechten) in der Regel abgeschlossen, beruflich beginnt jetzt meistens die stärkste und erfolgreichste Zeit. Ganz entgegen diesem Trend des geistigen Leistungsvermögens beginnt das körperliche Leistungsvermögen erheblich abzubauen. Es ist ziemlich genau das Alter, in dem professionelle Sportler ihre Karriere beenden oder zumindest in deren Endphase eintreten. Vieles, was man in den jungen Jahren zuvor noch mühelos weggesteckt hat – durchgemachte Nächte, den einen oder anderen Exzeß, Völlereien und Trainingsrückstände –, schlägt plötzlich merkbar auf die Fitneß und das körperliche Befinden durch und macht sich vor allem auch in einer meßbaren Gewichtszunahme bemerkbar, die eben nicht mehr wie früher leichterdings und fast wie von selbst vom eigenen Körper korrigiert wird. Zudem erfordern zum Beispiel der berufliche Erfolg und die wachsende persönliche Verantwortung eine ganz andere Konzentration und auch ein ganz anderes mentales und zeitliches Engagement. Zudem befinden sich in diesem Alter die meisten Menschen in der heißesten Familienphase mit kleinen Kindern und sich daraus ergebenden häuslichen Verpflichtungen, und so verwundert es nicht, daß Zeit und Energie, durch all diese Umstände bedingt, immer knapper werden. Hinzu kommt als Ergebnis dessen allzuoft noch eine nach und nach um sich greifende größere Trägheit im Freizeitverhalten, denn mit dem beruflichen Erfolg geht nicht nur ein höherer materieller Lebensstandard einher, sondern auch wachsender Erfolgsdruck, der allgemeine Streß und die zunehmende Konzentration aller persönlichen Energie auf Arbeit und Karriere.

* * *

Ich bemerkte all diese Veränderungen, die uns Menschen von alters her wohlvertraut sind und die dennoch von jeder Generation immer wieder an sich selbst neu entdeckt werden, zuerst nicht einmal so sehr am zunehmenden Körpergewicht, sondern vielmehr daran, daß ich auf dem Fußballplatz immer verletzungsanfälliger wurde. Zerrungen und noch ernstere Muskelprobleme hatte ich bis dato nicht gekannt, und daran hatte ich nun beständig zu laborieren. Nachlässigkeiten und Versäumnisse, die in all den Jahren zuvor niemals auch nur ein kurzes Nachdenken wert gewesen waren, etwa das Warmlaufen vor einem Spiel, machten sich fortan folgenschwer durch Zerrungen und Faserrisse in Oberschenkel- und Wadenmuskulatur bemerkbar. Längere Verletzungspausen waren deren Folge, was wiederum zur Bewegungsarmut und damit zur stetig wachsenden Leibesfülle beitrug. Und so wurden Jahr um Jahr mit dem Atem auch die Wege immer kürzer, die ich auf dem Fußballfeld noch gehen konnte. Das Mittelfeld begann sich immer weiter und weiter zu dehnen, eine schier endlose Ebene tat sich da vor mir auf, die ich nicht mehr durcheilen konnte, es sei denn, ich ging nach einem längeren »Sprint« in schierer Atemnot keuchend in die Knie, die Beine wurden mit jedem Schritt schwerer und der Atem immer weniger.

»Mein Gott«, dachte ich mir dann nach Luft japsend, »was ist aus dir nur geworden, Fischer!?« Daß einem die Jüngeren so nach und nach davonliefen, o. k., das war der Tribut des Alters und hatte seine Ordnung. Daß man aber auf dem Fußballfeld nicht mehr ohne Sauerstoffzelt auskam, das tat weh und mußte wohl nicht sein. Diese Erkenntnis dämmerte mir insgeheim und nur ganz tief drinnen. Zugegeben hätte ich sie niemals, aber sie tat weh und verstärkte mein schlechtes Gewissen. Konsequenzen zog ich aus dieser deprimierenden Erfahrung allerdings keine, sondern ich mampfte und zechte munter weiter. Ich gehörte in jungen Jahren (und bis heute) gewiß niemals zu den filigranen Technikern der Fußballkunst und auch nicht zu den Genies des Mittelfeldes, wohl aber konnte ich 90 Minuten laufen, war in der Deckung schwer auszuspielen und eigentlich kaum abzuschütteln, wenn ich einen Gegenspieler in Manndeckung auszuschalten hatte. Damit ging es mit jedem weiteren Jahr und jedem weiteren Kilogramm

Der schwergewichtige Fußballer

Körpergewicht, das ich zulegte, nun spürbar zu Ende, und so suchte ich mir mehr und mehr ein Plätzchen in der Sturmmitte, wo die Wege für uns mittlerweile zu »Alten Herren« gewordenen Mitt- bis Enddreißigern kürzer waren und ein Torerfolg als ausgleichendes Erfolgserlebnis zum Greifen nahe war. Am Ende dann, mit meinen 112 Kilogramm Lebendgewicht, war mein Aktionsradius schließlich auf die Größe eines Bierdeckels geschrumpft, und das war eine bittere Erkenntnis für mich, von der optischen Erscheinung ganz zu schweigen! Das Bild jenes balltretenden Fasses, das ich damals abgab, läßt mich noch heute zart erröten. O ja!

Die dramatischen Veränderungen meines Körpergewichts standen in einem deutlichen Zusammenhang mit meinem Einstieg in die große Politik. Insofern muß ich jetzt etwas detaillierter die politisch-biographischen Ereignisse dieser Zeit darstellen. Meine Wahl als Bundestagsabgeordneter in das Parlament nach Bonn erwies sich dabei unter vielfachen Gesichtspunkten als die entscheidende Zäsur, denn erst seit 1983 nahm ich zwar langsam, gleichwohl aber beständig zu. Die eigentliche Trendwende hin zu einer dramatischen und schnellen Zunahme meines Übergewichts kam dann allerdings mit meiner ersten Berufung zum Umweltminister in Hessen am 12. Dezember 1985. Diese erste Zeit als hessischer Umweltminister war beruflich und persönlich meine bisher härteste und schlimmste Zeit, in der ich aber zugleich auch unglaublich viel gelernt habe, und dies vor allem aus meinen eigenen Fehlern. Dennoch, so physisch und psychisch am Ende wie in diesen vierzehn Monaten des ersten Umweltministeriums in Wiesbaden hatte ich mich weder davor noch danach in meinem politischen Leben jemals wieder gefühlt, und insofern war ich *persönlich* heilfroh – so traurig das politische Ergebnis, nämlich das Ende der ersten rot-grünen Koalition und der Machtverlust an die Opposition auch gewesen war –, als ich dieses Abenteuer im Februar 1987 schließlich einigermaßen heil überstanden hatte.

Als ich 1985 zum Umweltminister ernannt wurde, war meine Partei, *Die Grünen*, über die Frage der Regierungsbeteiligung tief gespalten, der Koalitionspartner SPD über die Tatsache der ersten rot-grünen Koalition fast noch mehr, Industrie und Gewerkschaften waren fast unisono gegen uns, die Opposition sowieso, die Koalitionsvereinbarung erwies sich im Regierungsalltag als noch weniger als eine Illusion, das damalige Umweltministerium bewegte sich von seinen Zuständigkeiten her am Rande des exekutiven Witzes, ich selbst hatte zudem eigentlich weder von der Sache noch vom Regieren auch nur den Schatten einer Ahnung, und neben all dem Krach und Streit, den Anfeindungen und Fehlern kam es dann am 26. April 1986 zum atomaren Super-Gau in Tschernobyl in der Ukraine.

Ich war damals der einzige und erste grüne Umweltminister auf diesem Planeten, *Die Grünen* waren *die* Anti-Atom-Partei schlechthin, und in den Augen von

Öffentlichkeit und Partei war ich selbstverständlich zuständig für die Bewältigung der Folgen der atomaren Wolke. Wen interessierten denn da die tatsächlichen administrativen und bürokratischen Zuständigkeiten? In den Augen der Öffentlichkeit war dies – völlig zu Recht übrigens! – meine und unsere Stunde als Umweltminister und Grüne, und dann war ich für nichts von alledem zuständig. Weder für den Strahlenschutz, denn der lag beim sozialdemokratischen Sozialminister, noch für die Atomaufsicht und die Energiepolitik, denn über diese wachte der sozialdemokratische Wirtschaftsminister. Ich wußte damals zwar von Anfang an, daß ich für diesen Job von den Freundinnen und Freunden in der Partei nicht wegen meiner ökologischen Fachkompetenz ausgewählt worden war, über die ich damals überhaupt nicht verfügte, sondern weil die erste grüne Regierungsbeteiligung sehr realitätsnah als ein politisches Himmelfahrtskommando angesehen wurde und man dazu keinen Fachmann brauchte, sondern einen politischen Generalisten, der hart genug war, eine minimale Chance gegen alle Widerstände zu nutzen und eine solche fast unmöglich erscheinende Aufgabe politisch und persönlich durchzustehen. Ich wußte also, daß es hart werden würde, aber so? Es war zum Haareraufen und zum Mäusemelken, und all das zehrte selbstverständlich gewaltig an meiner persönlichen psychischen und physischen Substanz.

Zum ersten Mal lernte ich damals jene Schlaflosigkeit kennen, die einen nach zwei bis drei Stunden Nachtruhe mit klopfendem Herzen wieder aus dem Schlaf reißt, weil einen das Übermaß der Probleme um die innere Ruhe bringt. Und zum ersten Mal meinte ich zu spüren, wie es ist, wenn man sich in Richtung Herzinfarkt bewegt. Die Nächte wurden immer kürzer, die Arbeitstage immer länger, die Wochenenden fielen immer öfter aus, die Katastrophen rissen nicht ab, der Problemdruck wuchs und wuchs, die Verantwortung wurde immer drückender, der Streß nahm unerbittlich zu, und ein Ausweg war nicht in Sicht. Weglaufen ging nicht, zumindest für mich nicht –, obwohl diese Haltung ja neuerdings durchaus en vogue zu werden scheint –, also mußte ich durchhalten, mich gegen all die Unbill psychisch und körperlich wappnen. Und so begann ich zu futtern und zu mampfen und legte mir für Körper und Seele im wahrsten Sinne des Wortes einen regelrechten Panzer in Gestalt eines sich immer mächtiger wölbenden Bauches zu. Zudem hatte ich zu rauchen aufgehört, die Selbstgedrehten paßten einfach nicht zum Umweltminister. Im März 1986 klappte zum ersten Mal in meiner Erinnerung mein Immunsystem aufgrund der Überanstrengung durch die ersten Monate in der Landesregierung völlig zusammen, und ich lag mit einer für meine Verhältnisse sehr schweren Grippe tagelang darnieder. Aber auch dieses an sich sehr positive Signal verstärkte noch ganz erheblich die Eskalation meiner Pfunde. Und so kam das eine zum anderen, und am Ende des Liedes standen 112 Kilogramm Lebendgewicht Fischer.

Kompensation, Panzerung, Verdrängung – gemeinsam mit dem Älterwerden waren das die wichtigsten Ursachen für meinen immer dramatischer werdenden Gewichtsanstieg. Die nahezu ausschließliche Konzentration auf die berufliche Aufgabe, auf den »Job«, der nicht nur subjektiv, sondern auch objektiv alle Kraft erforderte und dennoch trotz (oder vielleicht sogar auch wegen?) all der Belastungen eine begeisternde Herausforderung darstellte, ließ den Zustand des eigenen Ichs und damit auch des eigenen Körpers in den Hintergrund treten. Fast meine gesamte Energie konzentrierte ich auf den politischen Erfolg und ordnete diesem Ziel alles andere unter, auch und gerade mich selbst. Gewiß nahm ich all die negativen Veränderungen an mir sehr genau wahr, aber ich war schon immer ein Meister im Erfinden von überzeugenden Begründungen gewesen. Hatten in meiner Kindheit bei uns im Dorf nicht fast alle »alten Herren« eine mächtige Wampe gehabt? Eben, und das waren doch alles gestandene Mannsbilder und ganze Kerle gewesen. Oder: Schluß mit dem Jugendlichkeitswahn unserer Zeit! Jedes Lebensalter hat seine Figur, mal schlanker, mal üppiger, je nach Jahren unterschiedlich.

So oder ähnlich dröhnte ich meinen Kritikern oder einfach nur wohlmeinenden Zeitgenossen, Freunden und Familienangehörigen entgegen, die es lediglich gut mit mir meinten, wenn sie zu bedenken gaben, daß es doch nun wirklich reichen würde mit der Leibesfülle und daß etwas weniger Gewicht doch auch ganz schön und

Auf dem Höhepunkt ...

sicher viel gesünder wäre. Freilich waren meine Recht-
fertigungen nur schlichtes Papperlapapp, denn insgeheim habe ich selbst nicht daran geglaubt. Ich wußte,
daß meine Freunde mit ihrer Kritik recht hatten, fühlte
mich aber zu schwach, um die notwendigen *praktischen*
Konsequenzen zu ziehen. All diese wunderbaren Recht-
fertigungen sollten sich für mich im Licht der späteren Ereignisse lediglich als Ausflüchte und Ausreden
vor mir selbst erweisen, als Beruhigung meines eigenen
schlechten Gewissens. Denn selbstverständlich habe ich
unter der Entwicklung gelitten – ich hörte meinen Atem
bei der geringsten Anstrengung pfeifen und konnte
mich ja im Spiegel durchaus realistisch selbst betrach-
ten – und versuchte sie lediglich, weil ich die Kraft zur
Umkehr nicht hatte, vor mir und anderen schönzu-
reden.

Und so ging es eben Schritt für Schritt weiter die Skala
auf der Waage aufwärts. Aus dem Einreiher wurde ein
Zweireiher, aus der normalen Größe des Anzugs die
bauchverhüllende Zwischengröße, die Hemden wurden
fortan ausladend getragen und öffentliches Badevergnü-
gen mit dem Hinweis auf das Ozonloch und die dro-
hende Gefahr des malignen Malinoms mehr und mehr
gemieden. Tatsächlich aber mied ich nur mich selbst,
begann damit, mich zu verhüllen, meine Rundungen zu
kaschieren und mich vor mir selbst zu verstecken. Da
war aber nichts mehr zu verstecken oder auch nur zu
kaschieren, denn die Formen wurden immer üppiger,
und das permanent zunehmende Körpergewicht ver-

schaffte sich seinen angemessenen Platz unter der sich immer mächtiger spannenden Haut. Da halfen dann auch keine Über- und Zwischengrößen und keine wallenden Hemden und Gewänder mehr, das Fett war und blieb unübersehbar da.

* * *

Die menschlichen Fettzellen sind in den modernen Überflußgesellschaften völlig zu Unrecht in ihren schlechten Ruf geraten. Nicht das Körperfett ist unser Problem, sondern vielmehr dessen Überfluß. Die vormodernen Gesellschaften, in denen Macht und Reichtum auch in der Gewichtigkeit des Körpers repräsentiert wurden, hatten ganz offensichtlich noch eine Ahnung von der überlebensnotwendigen Funktion der Fettzellen des menschlichen Körpers, denn sie sind dessen entscheidende Energiespeicher. Unser Körper speichert seinen Energievorrat, den er bei seinen zahlreichen Aktivitäten abrufen muß, um ihn gemeinsam mit Atmungssauerstoff in Energie umsetzen zu können, in vier verschiedenen »Tanks«: Adenosintriphosphat (ATP) und Kreatinphosphat für schnelle und sehr beanspruchende Leistungen während einer kurzen Dauer; Kohlehydrate in Form von Glykogen in Muskeln und Leber für hohe Energieleistungen auf mittlere Dauer; und das Fett für geringe bis mittlere Dauerleistungen. Die ersten beiden Tanks sind schnell erschöpft, und auch der Glykogenspeicher ist begrenzt. Der Fettspeicher ist der größte und hält am längsten vor, da er den eigentlichen »Vorratstank« unseres Körpers ausmacht. Das Problem beim Übergewicht sind demnach nicht die »Tanks«, um bei unserer Analogie zum Automobil zu bleiben, sondern wir tanken und wir fahren falsch. Der Kopf »funktioniert« falsch, das heißt, die Programmierung stimmt nicht, und dies ist für alles weitere eine zentrale Einsicht. Wir tanken beständig zu viel und fahren dauerhaft viel zu wenig. Konsequenz: Vor allem der Fettspeicher läuft über, wir werden fett und übergewichtig. Dies ist das Ergebnis unserer eigenen falschen Entscheidungen.

Wenn Fettleibigkeit demnach ein zivilisatorisches Massenproblem geworden ist, so zeigt dies nicht eine Disfunktionalität unseres Körpers an, sondern vielmehr eine schwere, zivilisatorisch bedingte und anhaltende Störung des Reproduktionsmechanismus des menschlichen Körpers in der modernen Gesellschaft. Das Gleichgewicht zwischen Energiezufuhr und Energieverbrauch ist offensichtlich bei den meisten Formen des Übergewichts dauerhaft gestört, so daß es angesichts reichlicher (und oft falscher) Ernährung zu einem übermäßigen Aufbau von Fettreserven kommt, ohne daß diese noch in ausreichendem Maße abgerufen werden. Die Formel, die sich als Antwort zur Lösung dieses Problems fast wie von selbst ergibt, ist also so einfach wie banal und erweist sich dennoch als die einzig richtige: weniger Energie zuführen und mehr Energie verbrauchen. Oder auch etwas drastischer und faßlicher auf den Begriff gebracht: »Iß weniger und beweg deinen Hintern!« Dies ist aber in der Praxis des modernen Alltags offensichtlich leichter gesagt als getan, und demnach wird es also ganz entscheidend auf die Wege und Strategien zur Überwindung der Sperren und Blockaden im Kopf bei der Umsetzung dieser scheinbar ganz einfachen Erkenntnis ankommen.

Es gibt sicher auch übergewichtige Menschen, die mit sich und ihrem Gewicht tatsächlich im reinen sind, d. h., die sich mit ihren Pfunden wirklich wohl fühlen. Diese seltenen Exemplare von dicken Menschen sind ehrlich zu beneiden, und sie sollten auch gar nicht erst den Versuch machen, ihren Zustand zu ändern, sondern sie sollten schlicht ein vernünftiges Maß im Umgang mit ihrem Gewicht und ihrem Lebensstil finden. Die meisten Dicken allerdings leiden an ihrem Zustand wie der sprichwörtliche Hund, sind meist kreuzunglücklich, empfinden ihren übergewichtigen Zustand subjektiv als ein bedrückendes persönliches Defizit und beginnen daher einen qualvollen und frustrierenden, oft sogar sehr teuren Kampf gegen ihr peinigendes Übergewicht mittels Diäten, Fastenkuren, Mittelchen etc. Frustrierend ist dieser Kampf deswegen, weil er meist in periodisch wiederkehrenden Niederlagen endet, die nicht nur das Körpergewicht wieder ansteigen lassen – sehr oft noch über das Ausgangsgewicht hinaus! –, sondern die durch diese deprimierende Erfahrung auch noch das schon angeschlagene Selbstvertrauen noch weiter erschüttern, begleitet von einem nagend schlechten Gewissen, das allerdings keineswegs den Appetit verdirbt, sondern allein die Laune.

* * *

Viele Diäten enden also erneut in – das Gewicht weiter hochtreibenden – Rückfällen mit ihren oralen Exzessen, im »alten Leben« also und dessen gewichtigen Pfunden, dem man ja gerade mittels der Diät oder Fastenkur hatte Valet sagen wollen. Ich habe diese Niederlagenerfahrung selbst jahrelang mitgemacht und wegzustecken versucht, aber deren Wirkung ist letztendlich äußerst fatal, da sie zu psychischer Entmutigung führt. Am Ende meiner »pfundigen Jahre«, im letzten Jahr vor meiner ganz persönlichen großen Wende, war ich deshalb an dem Punkt der persönlichen Kapitulation angekommen, so mutlos war ich angesichts des jährlich wiederkehrenden »Jojo-Effekts« meines Körpergewichts zwischen Fasten und Fressen geworden – beim Fasten verliert man langsam das Gewicht, das nach dem Ende der qualvollen Entsagungsübung allzuoft blitzartig wieder draufgefuttert wird –, so daß ich überhaupt keinen Versuch mehr zu einer weiteren »Fastenzeit« unternahm, die ich ansonsten jedes Jahr zwischen Neujahr und Ostern ausgerufen hatte. FdH und Verzicht auf Alkohol bewirkten tatsächlich eine spür- und sichtbare Gewichtsreduktion, die allerdings binnen kürzester Zeit nach Ende meiner Fastenzeit wieder egalisiert wurde.

Fasten hin, Fasten her, die Kurve meines maximalen Gewichts wies also Jahr für Jahr letztendlich doch immer weiter nach oben, und das war auf Dauer höllisch frustrierend.

Voller Neid schaute meine Wenigkeit damals auf einen Politikerkollegen wie Heiner Geißler, der anderthalb Jahrzehnte älter ist als ich, ein schlanker und ranker Asket im vorgerückten Alter. Er hielt sich durch tägliches Laufen im Siebengebirge bei Bonn in Form, kraxelte munter auf die Berge der Alpen und sah, wen konnte es angesichts dieses Lebensstils auch wundern, überhaupt recht durchtrainiert aus. Insgeheim beneidete ich ihn um seine Sportlichkeit, sein Aussehen und seine Ausdauer, auch wenn mir dieser Lebensstil und die dazugehörige Disziplin völlig fremd waren und für mich schlicht unmöglich erschienen. Bewunderung, Neid und Resignation mischten sich da in mir zusammen: »Das schaffst du nie, Fischer«, sagte ich mir. »Du bist kein Asket, also vergiß es und fange damit erst gar nicht an!« Statt dessen entdeckte ich im Laufe der Jahre die Freuden der *Grande cuisine* und der *Grands Crus*, der edlen Küche und der edlen Weine. Und in der Tat sind große Küche und große Weine ein echtes Erlebnis, das Ergebnis eines kunstvollen Handwerks und ein sehr alter Bestandteil unserer Kultur. Manchmal, wenn ich richtig down und fertig war, dann konnte eine Flasche herrlichen Burgunders oder Bordeaux, zu zweit oder zu dritt genossen, selbst im trübsten November die Sonne wieder in einem aufgehen lassen. Und dies war keineswegs die Wirkung des Alkohols, sondern vielmehr die vollendete Harmonie eines wirklich großen Weines und deren segensreiche Wirkung auf Geschmack, Körper und Geist. Der Alkohol tat dabei gewiß seine Wirkung, gleichwohl wirkte er für mich eher störend, weil letztendlich nur die Sinne trübend.

Große Küche und große Weine können ein herrliches Vergnügen bereiten, auch wenn sie weder billig noch kalorienarm sind. Geschmeckt hat es mir ja schon immer, und in der Tat ist gutes Essen und Trinken eine herrliche, eine wunderbare Sache. Gegessen habe ich, was immer mir mundete, und da mir fast alles schmeckte, vertilgte ich beträchtliche Mengen. Zum Frühstück Wurst, Schinken, Käse, Eier gerührt, gekocht und gespiegelt, mit kroß gebratenem Speck, Würstchen, Butter, Brot und Marmelade, und, so vorhanden, mampfte ich auch gerne bereits Bratkartoffeln zum Frühstück. Jawohl. Mittags ein opulentes Mittagessen mit schlechtem Gewissen, manchmal noch eine Currywurst dazwischen – Pommes mit Mayo an der Imbißbude waren eine Lieblingsspeise für den kleinen Hunger am Nachmittag in kalten Wintertagen! –, und abends ging es dann so richtig in die vollen, ohne auch nur den geringsten Gedanken an Kalorien und Gesundheit zu verschwenden.

Nun ist ja überhaupt nichts gegen ein gutes Abendessen zu sagen, ganz im Gegenteil, wenn man die Sache einigermaßen bewußt angeht. So ist mir das Abendessen bis heute fast heilig, denn es bildet für mich den gesell-

Als es noch schmeckte ...

schaftlichen Ausgleich für einen anstrengenden Arbeitstag, Erholung, Entspannung und Kommunikation in
einem. Kommunikation kann dabei durchaus heißen,
daß ich mich allein, mit einem Packen Zeitungen vom
Tage oder mit einem interessanten Buch bewehrt, zum
Dinner for one niederlasse und mich dabei herrlich ent-
spannen kann. Aber noch viel mehr bedeutet das abend-
liche Tafeln für den sozialen Kontakt mit Freunden und
Familie. Und dann erst recht die Politik! Wie viele Dinge wurden und werden beim Essen besprochen und
geregelt. Da wird informiert, intrigiert und konsumiert
in einem, daß es nur so eine Freude ist. Vieles geht bei
einem guten Essen und einem exzellenten Tropfen wesentlich einfacher und schneller als in den quälend lang-
weiligen formellen Sitzungen, die sich allzuoft wie Kau-
gummi hinziehen und kein Ende nehmen wollen. Und
so saß ich eben oft bis spät in die Nacht, futterte und be-
cherte und politisierte und wurde dabei dem damaligen
Kanzler der Bundesrepublik Deutschland an Aussehen,
Figur und Statur immer ähnlicher.

Freilich platzt nicht jeder aus den Nähten, der den sinn-
lichen Genüssen von Küche und Keller zugetan ist.
Glücklichere Zeitgenossen halten trotzdem ihr Gewicht, denn auch im Fall der kulinarischen Verlockun-
gen ist die entscheidende Frage letztendlich diejenige
des rechten Maßes. Was aber tun, wenn man genau
damit, mit dem rechten Maß, mit dem Maßhalten überhaupt, so seine Probleme hat? Die Antwort lieferte darauf regelmäßig die Waage, denn aus dem Genuß wurde

in meinem persönlichen Fall simpel Völlerei. Die zarten Grautöne, die feinen Unterschiede und eine differenzierte Harmonie der eigenen Lebensgestaltung als Ergebnis des rechten Maßes waren und sind meine Sache noch nie gewesen. Mir ist bei allen Veränderungen im Laufe der Jahrzehnte eine Art Extremismus im persönlichen Lebensstil bis heute geblieben. Entweder – oder, rechts oder links herum, schwarz oder weiß, und das immer mit vollem Tempo und letztem Einsatz. Man mag dies richtig oder falsch finden, aber letztendlich ist es eine Frage der charakterlichen Prägung, die so tief reicht, daß man darauf kaum einen verändernden Zugriff hat. Entsprechend »dynamisch« fraß ich mir demnach auch die Pfunde auf meine Rippen.

Und so wies der Zeiger auf der Waage unerbittlich weiter nach oben, und die Ziffern wurden immer größer, bis ich schließlich dieses morgendliche Marterwerkzeug namens Waage schlicht ignorierte. Möge sich doch der Teufel in der Hölle wiegen, sagte ich mir, ich muß mir doch nicht schon am Morgen die gute Laune verderben! Wozu sich überhaupt mit schlechten Nachrichten traktieren, wenn man sie eh bereits kennt und ihre Ursachen nicht ändern kann? Eben. Und so blieb das wiegende Teil ungenutzt in der Ecke des Badezimmers stehen. Gleichwohl ließen sich die Fakten nicht wirklich durch Wegschauen ignorieren, denn ich wurde für alle Welt (und das hieß eben auch für mich selbst!) sicht- und spürbar schwer und schwerer, und als Folge davon verkürzte sich mein rasselnder Atem selbst bei nur geringer

Bewegung (Treppensteigen) immer mehr. Und dann bekam ein enger Freund und Bruder im Schmausen und Zechen, der nur ein Jahr älter war als ich und ebenfalls über erhebliches Übergewicht nebst einem ähnlich ungesunden Lebensstil verfügte, nach einer schweren Operation sechs Bypässe gelegt. Oha, sagte ich mir, jetzt wird es ernst, sehr ernst sogar. Die Wohllebe forderte ab sofort ganz offensichtlich ihren Preis. Fortan kroch neben dem schlechten Gewissen auch noch die Angst um die eigene Gesundheit in mir hoch. Stiche in der Brust weckten mich nachts auf, oder ich spürte sie beim Einschlafen, und die Angst vor einem Herzinfarkt war fortan immer präsent.

Heute, bei der Erinnerung an jene Zeit und meine damalige persönliche Verfassung, frage ich mich, wieso es mir nicht möglich war, aufgrund dieser Erfahrung auszusteigen. Denn mein Zustand war nicht das Ergebnis eines schlimmen, unausweichlichen Schicksals, das mich heimsuchte, wie dies etwa bei einer schweren Krankheit der Fall ist, sondern all dies war ausschließlich das Ergebnis eigener Entscheidungen, völlig selbst gewählt und deshalb »eigentlich« relativ einfach abzustellen. Es lag ja nachgerade selbst für einen Vollidioten auf der Hand, was zu tun war, aber ich hatte ganz offensichtlich nicht die psychische Kraft, um mich selbst aus diesem Lebensstil – faktisch handelte es sich um eine schleichende Art der Selbstzerstörung – herauszureißen. Ich steckte mit aller Macht in meinem inneren System fest, das sich nach und nach über viele Jahre hinweg in zahllosen kleinen Schritten entwickelt hatte, kam da einfach nicht raus, auch wenn alle Vernunft dafür sprach. Ich rannte wie ein Hamster in meinem selbstgebastelten Rad immer weiter auf der Stelle vor mich hin und fühlte mich persönlich dabei ziemlich elend, auch wenn ich das vor meiner Mitwelt sorgfältig verborgen hielt. Kesse Sprüche und muntere Reden lenkten von meiner tatsächlichen inneren Verfassung auf das trefflichste ab, und um einen eigentlich längst nötigen Gesundheitscheck machte ich aus schlichten Verdrängungsgründen einen großen Bogen. Der Onkel Doktor ist was für Weicheier und deshalb nichts für mich! Ja, ja, und dabei war diese Attitüde nichts anderes denn als Härte getarnte Feigheit. Ich hatte einfach nur Angst vor meinen tatsächlichen Blutfettwerten und den daraus zu ziehenden Schlußfolgerungen.

III
Der Big Bang – oder wie und warum es plötzlich ganz anders ging

Man muß keineswegs einem Fatalismus huldigen, um vorauszusehen, daß die oben beschriebene Entwicklung mit eherner Notwendigkeit in einer persönlichen Katastrophe enden mußte, die dann auch prompt eintrat. Es kam, wie es kommen mußte, meine Frau trennte sich nach dreizehn Jahren Ehe von mir. Dieser Blitz traf mich aus heiterem Himmel, die Erde tat sich vor mir auf, der Himmel fiel mir auf den Kopf, und unter der Wucht der emotionalen Katastrophe zerbrach mein ganzes bisheriges Leben innerhalb kürzester Zeit. Freilich war für den jetzt zu erzählenden Teil der Geschichte lediglich die erste bewußte Sekunde nach der Trennung von entscheidender Bedeutung, d. h. der Moment, in dem mir definitiv klar wurde, daß es tatsächlich unwiderruflich vorbei war mit unserer Ehe. Denn in demselben Augenblick, als mir diese Tatsache klar vor Augen stand und ich zugleich spürte, daß jetzt eine lange und harte Leidenszeit auf mich zukam, wußte ich, daß sofort eine sehr weitreichende Entscheidung zu treffen war in genau dieser Sekunde. Die Alternative war plötzlich sehr einfach: Entweder mache ich so weiter wie bisher und gehe damit endgültig vor die Hunde, denn in dieser jetzt beginnenden Lebenskrise würde ohne Kehrtwende mein destruktiver Lebensstil ganz sicher noch um einiges weiter eskalieren, um es ganz milde zu formulieren. Oder ich mache jetzt – jetzt sofort! – einen radikalen Schnitt, ändere völlig mein persönliches Programm und lasse alles radikal hinter mir: die Wohllebe und das Schmausen und die edlen Weine und all die unnützen Pfunde, nehme radikal ab und konzentriere mich fortan vor allem auf mich selbst.

Ich traf diese sehr weitreichende Entscheidung in jener einen Sekunde (es war tatsächlich nicht mehr an Zeit notwendig), an die ich mich noch sehr genau erinnern kann, denn in derselben Sekunde wußte ich auch, daß ich zu meiner »alten« körperlichen Verfassung, zu meinem idealen »Kampfgewicht« des Jahres 1985 zurückwollte, als ich noch nicht fett, schwer und kurzatmig war, zurück zu einer Zeit also, in der ich mich selbst noch wohl gefühlt hatte in meiner eigenen Haut. Jünger konnte ich mich nicht mehr machen – ein Zurück in der Zeit gibt es nicht –, wohl aber dünner. Und genau das nahm ich mir jetzt vor. Das weite Hawaiihemd flog in die Ecke, die Baseballmütze hinterher, die gleißende Augustsonne Italiens schreckte mich plötzlich nicht mehr, die Angst vor dem Sonnenbrand war von jetzt auf nachher verflogen, und das Versteckspielen hatte ab sofort ein Ende. Ich griff zurück auf meine längst vergangenen Trainingserfahrungen, als ich noch täglich meine Liegestützen und Sit-ups absolviert hatte, und begann deshalb sofort mit den ersten Liegestützen am Swimmingpool. Es war einfach nur deprimierend! Unter dem gewaltigen Übergewicht und dem mächtig hängenden Bauch knickte ich bereits nach wenigen Liegestützen erschöpft ein, aber ich hatte seit vielen Jahren endlich wieder einen Anfang gemacht. Zudem wußte ich aus früheren Tagen, daß jeder allererste Trainingsbeginn besonders schwer fällt und daß ab sofort und für die Dauer der kommenden Monate nichts anderes als Ausdauer und stures Durchhalten angesagt waren, denn schnell sichtbare Erfolge darf man bei dem Versuch der Gewichtsreduzierung und beim Muskelaufbau nicht erwarten.

Andererseits half mir meine tiefe seelische Krise bei meinem Vorhaben, denn daß mich meine Frau verlassen hatte, schlug mir nachdrücklich auf den Magen, d. h., ich hatte schlichtweg keinen Appetit mehr, was sich sofort segensreich auf die in Angriff genommene Gewichtsreduzierung auswirken sollte. Die Krise machte den Einstieg in ein anderes Leben leichter. Zudem reduzierte sich fast ebenso wie von selbst der Genuß von Wein und anderen alkoholischen Getränken und war dadurch ebenfalls binnen weniger Wochen zur bloßen Geschichte geworden. Wenig Essen, kaum Alkohol und große

Seelenpein – was Wunder also, daß mein Gewicht nunmehr fast täglich zurückging, und das verstärkte wiederum meine Motivation. Ansonsten war meine psychische Lage zum Steinerweichen schlecht. Es kam mir aber noch ein weiterer Zufall zupaß, nämlich daß sich dieser radikale Bruch, der Absprung in ein anderes Leben, in Italien und im Urlaub vollzog, d. h., ich hatte Zeit für mich selbst und orientierte mich bei meiner spontanen Ernährungsumstellung an der gleichermaßen gesunden wie einfach-bäuerlichen Küche der Toskana – fettarm, reich an Rohkost, Gemüsen, Kohlehydraten, Olivenöl und zugleich überaus lecker. Ohne daß ich mich auch nur ein Jota über gesunde oder gar lauforientierte Ernährung zuvor jemals groß informiert hätte – das kam alles erst Monate später –, sollte ich, geleitet durch die Umstände und die Zufälle des Alltags, spontan die völlig richtigen Entscheidungen treffen, wie ich wesentlich später dann in der Retrospektive feststellte. Die tierischen Fette habe ich auf meinem täglichen Speiseplan weitgehend reduziert, Pasta und Gemüse dominierten den Tisch, Fisch und Meeresfrüchte, zudem Brot, Obst, Salat, kurz alles, was sich in der Toskana fast von selbst ergibt.

Und da jeder Tag mit dem Morgen beginnt, begann ich auch und gerade das Frühstück zu verändern. Schinken, Wurst, Käse, Eier, Speck, Butter, Brötchen – alles wurde gestrichen. Statt dessen stieg ich zuerst auf Cornflakes und dann sehr schnell auf Müsli um, das ich über die Jahrzehnte hinweg einfach ignoriert hatte. Obst, Milch,

Haferflockenmischung – so lautet seitdem mein eherner Frühstücksgrundsatz, ganz gemäß der erklärten Devise »Back to the roots«. Und in der Tat bereite ich mir seitdem täglich ein wunderbares Frühstück zu: einen Teller mit saisonalem Obst, kleingeschnitten, frische Ananas und eine Banane als jahreszeitlich unabhängiger fester Bestandteil an Obst, etwas fettarme Milch und Haferflocken dazugegeben. Damit komme ich locker in den frühen Nachmittag, anschließend noch etwas Obst, 1–2 Bananen, Orangen, Äpfel, Melone, Trauben, Beeren etc. oder was immer der Garten und die Jahreszeit gerade hergeben. War ich deswegen jetzt zum Asketen geworden? Wer einen wunderbar anzusehenden und meist noch wesentlich besser schmeckenden Obstteller mit Milch und Haferflocken am Morgen sieht, wird dieses Frühstück nur schwerlich mit Askese in Verbindung bringen können. Dennoch habe ich damit die tägliche Grundlage für meine Gewichtsreduzierung gelegt, und zwar sehr erfolgreich. Und zugleich überaus schmackhaft. Zwar wird in der Öffentlichkeit von mir mittlerweile das Bild des Asketen gezeichnet, aber wenn ich ehrlich bin, habe ich überhaupt nicht das Gefühl, daß ich irgend etwas vermissen oder gar der Askese huldigen würde, im Gegenteil. Ich esse nach wie vor sehr gerne und sehr gut, nur eben anders und weniger.

Wie aber dauerhaft und nachhaltig abnehmen? Denn der Hunger und der unmäßige Appetit würden sich ja nach dem ersten Schock wieder einstellen. Die Zeit der spontanen, durch die äußeren Umstände begünstigten

Entscheidungen ging zu Ende: Ein Plan mußte nunmehr her! Erstens, sagte ich mir, mußt du dir ein Ziel definieren, das einerseits hart und fordernd, andererseits aber zugleich realistisch ist, d. h., es sollte gerade noch erreichbar sein. Ich wollte zurück zu mir selbst, mich wieder in und mit mir wohl fühlen, und das war für mich die Zeit, als ich zwischen 72 und 75 Kilogramm gewogen hatte. Mittlerweile war ich aber dreizehn Jahre älter geworden, also schlug ich einen Alterszuschlag drauf und setzte mir die 80 Kilogramm als zu erreichende Zielgröße, was ein Minus von ca. 30 Kilogramm bedeuten würde.

Zweitens mußte ich den Weg dorthin definieren. Ich sagte mir, daß eine Kerze dann am schnellsten abbrennt, wenn man sie an beiden Enden anzündet. Fasten allein schien mir eine nur schwer durchzuhaltende Perspektive, denn das Risiko, seinem Hunger zu erliegen, war absehbar viel zu groß. Wenn ich allerdings wieder konsequent in den Sport einstiege und voll auf einen gesteigerten Kalorienverbrauch setzte, so würde ich nicht nur fasten müssen, sondern darüber hinaus würde der Körper auch seinen Nahrungsbedarf ändern, d. h. Lust auf eine gesündere Ernährung verspüren. Ergo mußte ich weniger essen und mehr verbrauchen, und also hieß meine Devise fortan: radikale Ernährungsumstellung und Sport, Sport, Sport.

Drittens mußte ich Prinzipien oder Grundsätze formulieren, die mir ein Durchhalten ermöglichen würden, wenn ich sie nur konsequent genug befolgte. Mit achtundvierzig Lebensjahren taugt man weiß Gott nicht mehr für den Leistungssport, d. h., man muß keine Wettkämpfe mehr gewinnen und sollte auch keine Rekordzeiten mehr anstreben. Zudem hatte ich einen ziemlich radikalen Kurswechsel in meinem Lebenswandel vor, der meinem Körper und meinem Kreislauf einiges abverlangen würde, und demnach mußte ich jede körperliche Überforderung meiden, denn sie würde ein Scheitern des ganzen Unternehmens bedeuten. Persönliche Höchst- und Bestleistungen verboten sich demnach von selbst, denn sie bedeuteten Belastungsspitzen für den Organismus, die in meinem Alter durchaus unkalkulierbare Risiken beinhalten konnten.

Entschlossenheit,
Durchhaltevermögen,
Realismus,
Geduld

waren also die *vier Tugenden*, auf denen fußend ich *drei Grundsätze* formulierte, die mir in den folgenden Monaten von großem Nutzen sein sollten:

Belüge dich niemals selbst!
Meide immer deine Leistungsspitze!
Gib niemals auf!

Etwas später, als ich bereits mit dem Laufen begonnen hatte, kam noch ein vierter Grundsatz hinzu, den ich allerdings ab dem Erreichen des 16. Kilometers wieder aufgegeben habe:

**Eine einmal erreichte Entfernung
wird nicht mehr unterschritten!**

Die nächsten praktischen Schritte ergaben sich dann fast von selbst: Aus früheren Tagen wußte ich, wie segensreich sich für die Brust-, Arm- und Bauchmuskulatur wenige Minuten täglichen Frühsports ausgewirkt hatten. Dies gilt allerdings nur dann, wenn man die Übungen täglich stur durchzieht. Zudem war für mich damals die regelmäßige Arbeit mit Gewichten an der Hantelbank für den Muskelaufbau sehr wirksam gewesen. Also hieß eine weitere Entscheidung: Sportstudio. Und drittens wollte ich mich darüber hinaus noch täglich bewegen, um zusätzlich kräftig Kalorien zu verbrauchen: Radfahren, Schwimmen oder Laufen boten sich hier als Alternativen an. Zum Schwimmen habe ich kein Verhältnis, zudem ist dies technisch nicht immer möglich und ein Schwimmbecken für den täglichen Trainingsrhythmus meist auch nur mit hohem Aufwand zu erreichen. Also fiel Schwimmen als Alternative aus. Dann bot sich schon eher der Griff zum Rennrad an, zumal ich zum Radfahren aufgrund meiner aktiven Zeit im Radsport während einiger Jugendjahre ein sehr enges und vertrautes Verhältnis hatte. Das tägliche Training mit dem Rad ist aber technisch ebenfalls sehr aufwendig, weil man nicht immer und überall sein Fahrrad mit hinschleppen kann, weshalb es auf Reisen fast nicht möglich und zeitlich zudem sehr beanspruchend ist, da man zum Zweck der Gewichtsreduktion täglich schon einige Stunden auf dem Rad unterwegs sein muß. Aber bitte, Radfahren auf dem Hometrainer im Sportstudio war ja immerhin eine weitere Möglichkeit, aber auf Dauer wohl doch etwas monoton.

Blieb dann also zu guter Letzt noch das Laufen, hierbei handelte es sich gewiß um die technisch einfachste und zugleich »gottgewollte« Art der menschlichen Bewegung, denn, wie bereits gesagt, wir sind nun mal Lauftiere. »Fisch schwimmt, Vogel fliegt, Mensch läuft«, soll dereinst der unvergeßliche Emil Zatopek, die »Lokomotive von Prag« und Olympiasieger der frühen fünfziger Jahre über die Langstrecke und beim Marathon, die Sache auf den Punkt gebracht haben. »Das Laufen, ob schnell oder langsam, ob auf kurzen oder langen Strecken, ist eine der wenigen natürlichen, naturgebundenen Bewegungsarten, die dem einzelnen in einer völlig aus den Fugen geratenen Zivilisation noch bleibt … Im Akt des Laufens regrediert der Läufer gleichsam in der menschlichen Evolutionsgeschichte, nimmt Verbindung auf zu Lebens- und Verhaltensweisen, die seinen Vorfahren über Jahrtausende ihrer Entwicklungsgeschichte vertraut waren und deren Einhaltung ihr Leben und Überleben sicherte.«[2]

Das Laufen hieß für meine Zwecke also eine minimale

2 Willi Köhler, S. 94

technische Ausstattung, denn alles Notwendige war leicht zu transportieren, das Training selbst fast überall ohne größere Umstände auszuüben und damit fast perfekt für meine Zwecke. Allein, ich hatte bis dato überhaupt kein Verhältnis zum Laufen, denn ich hatte das reine Laufen zeitlebens immer als gnadenlos öde und deshalb völlig abtörnend empfunden. Diese ganze Joggerei war mir eigentlich immer suspekt gewesen. Jetzt aber stellte sich die Lage in einem gänzlich anderen Lichte dar: Das Laufen erforderte den geringsten technischen Aufwand (Sportschuhe und Laufkleidung), war nahezu immer und überall möglich und versprach zudem einen hervorragenden Kalorienverbrauch. Aus all diesen Gründen entschied ich mich also für das Laufen, und zwar frühmorgens, vor der Arbeit. Und so begann mein neues Leben in Laufschuhen und in der Morgendämmerung.

IV
Fit und schlank durchs Leben

Die Morgennebel zogen vom Rhein herüber durchs Regierungsviertel in Bonn, als ich mich, Ende September oder Anfang Oktober 1996 mag das gewesen sein, zum ersten Mal joggenderweise auf den Weg machte. Zuvor hatte ich mich in einem Sportgeschäft mit allem Notwendigen für mein neues Leben als Jogger ausgestattet: Baumwollklamotten in Größe XL und Laufschuhe, allerdings ohne weitere Überlegungen über die Funktionalität oder gar orthopädische Paßgenauigkeit des Schuhwerks anzustellen. Bei den vor mir liegenden Entfernungen von lediglich mehreren hundert Metern sollte sich dies alles auch noch nicht als unbedingt nötig erweisen. Vor allem aber hatte ich mir ein Sweatshirt mit Kapuze besorgt, denn ich wollte auf keinen Fall erkannt werden, wenn ich mich Richtung Rhein schleppen würde. Es wimmelt ja von Journalisten im Bonner Regierungsviertel, wenn auch nicht unbedingt bereits um sieben Uhr morgens. Aber ich mußte dennoch mit berichterstattenden Frühaufstehern rechnen, und so zog ich mir die Kapuze tief über die Stirn, als ich mich dann schließlich frühmorgens auf den Weg machte. Mein Gewicht war trotz aller Anfangserfolge noch ganz erheblich, so daß durchaus die Gefahr bestand, daß die Bonner Erdbebenwarte mit ihren feinen Meßgeräten reagieren würde, wenn ich losstapfte. Die ersten Schritte waren qualvoll, denn natürlich schleppte ich noch viel zu viel Fett mit, und zudem war mein Körper alles andere als an das Laufen langer oder zumindest längerer Strecken gewöhnt. Ich ging die ganze Sache langsam an, aber bereits nach hundert Metern begann der Atem zu pfeifen, und ächzend schleppte ich mich um den Bundestag herum. Ich wohnte damals direkt am Hohen Haus, und so lief ich die Dahlmannstraße zum Rhein hinunter, vorbei am Bundeskanzleramt und an der nordrhein-westfälischen Landesvertretung – da ging es sogar etwas bergab! –, dann unten am Rhein und am Bundestag entlang und schließlich am Abgeordnetenhochhaus vorbei, dem sogenannten »Langen Eugen«, wieder den kleinen Anstieg hinauf, insgesamt etwa 500 stolze Meter. Der kleine Anstieg am »Langen Eugen« erwies sich damals als mein »Heart Break Hill«, und hier war es dann auch schon vorbei mit meiner läuferischen Herrlichkeit, denn der Anstieg von etwa hundert Metern war schlicht zuviel für mich. Und so hörte ich auf zu joggen und schritt den kleinen Anstieg gemessenen Schritts hinauf. Oh, Fischer, sagte ich mir, es ist einfach nur furchtbar! Aber ich biß die Zähne zusammen, und am nächsten Tag ging es erneut auf die Piste.

1997, die Anfangsmonate in Bonn am Rheinufer

Der Anfang war gemacht, und das war das Wichtigste überhaupt. Alles andere, wie Entfernung, Zeit, Haltung, etc., war zu diesem Zeitpunkt völlig unwichtig, es kam allein auf die Tatsache des *Anfangs* und des *Durchhaltens* an. Jetzt bloß nicht schwach werden, bloß nicht frustrieren lassen und aufgeben. Geduld ist jetzt angesagt, Geduld und nochmals Geduld – und Durchhalten. Bereits nach wenigen Tagen stellte ich dann erkennbare erste Fortschritte fest: Ich lief dieselbe Strecke zunehmend leichter, das Atmen während des Laufens verlor seine pfeifende und rasselnde Beschwerlichkeit, und schließlich wurde zum ersten Mal die Steigung am Bundestag joggend und nicht gemessen schreitend genommen. Vor allem stellte sich nach und nach ein völlig anderes Körpergefühl und auch eine andere mentale Haltung zum Tagesbeginn ein. Im Klartext: Ich fühlte mich bereits morgens nach dem Laufen und Duschen pudelwohl, ich war hellwach und sowohl geistig wie körperlich voll da, während meine Umgebung noch mühselig versuchte, die mentalen und physischen Aggregate anzuwerfen. Zudem traten die erwünschten »Nebeneffekte« meiner Laufkur ebenfalls sehr schnell ein: Das Bonner Kneipenleben verlor jeden Reiz, da ich lieber ins Bett wollte, denn am nächsten Morgen – unerbittlich klingelte der Wecker! – mußte ich ja sehr früh wieder raus zum täglichen Lauftraining. Und mit dem Verzicht auf das nächtliche Kneipenleben verlor ich noch weiter und schließlich endgültig die Lust an Bier und Wein, zumal ich jedes Glas Alkohol am nächsten Morgen beim Laufen negativ spüren und ergo mit Zins und Zinseszins zu bezahlen haben würde. Und so gewöhnte ich mich immer mehr an das gute Mineralwasser. Dieselbe dynamische Veränderung hin zum Positiven stellte sich auch beim Essen ein, denn ich bekam immer mehr Lust auf Obst, Fruchtsäfte, Salate, Gemüse und Fisch. Fleisch, Wurst und Wein verloren an Attraktivität.

Schritt für Schritt ging ich dabei bis zum völligen Alkoholverzicht und vor allem zur vegetarischen Ernährung über, was angesichts meiner persönlichen Vergangenheit und der meiner Familie für mich selbst einer schlichten Sensation, ja Revolution gleichkam. Vegetarier? Darauf hatte ich bis dato immer nur mit einem lauten Brrrr reagiert. Das mochte ja gesund sein, war aber gewiß nichts für ein Schleckermäulchen wie mich.

Zumal meine Erfahrungen mit der vegetarischen Küche vor allem ideologisch geprägt waren. Kulinarisch gesinnungsfestere Parteifreunde, als ich es war, hatten mich einige wenige Male zu dem im allseitigen Mißvergnügen endenden Besuch von säuerlich riechenden vegetarischen Restaurants veranlaßt, die das gerade Gegenteil von kulinarischem Genuß verhießen. Die ganze Atmosphäre in diesen Restaurants erinnerte mehr an ein Sanatorium oder ein Kurhaus gegen Magenleiden denn an eine Stätte des kulinarischen Vergnügens. Verdrießlich dreinblickende und ungesund aussehende Gesundheitsapostel kauten dort voller Selbstverachtung auf ihren Bratlingen, und ich bekam dort meine sämtlichen Vorurteile über Vegetarier und die vegetarische Küche überreichlich bestätigt. Entschlossener denn je wandte ich mich nach diesen vegetarischen Kulturschocks dann erneut meiner geliebten Schweinshaxe, Hammelkeule oder in Burgunder geschmorten Hochrippe vom Rind zu.

Die Fischers waren seit langem in männlicher Linie immer Metzger und Bauern gewesen, so auch mein Urgroßvater, mein Großvater, mein Vater und der älteste Bruder meines Vaters. Die erste Generation, die bei dieser herzhaft-blutigen Berufstradition unserer Familie von der Fahne ging, war meine Wenigkeit, aber Fleisch, Wurst und Speck gehörten auch bei mir seit frühester Kindheit zu den Selbstverständlichkeiten meiner Ernährung, was angesichts dieses familiären Hintergrundes kaum verwundern dürfte. Und ausgerechnet jetzt, mit knapp 50 Jahren, verlor ich zum ersten Mal in meinem ganzen bisherigen Leben einfach die Lust auf Fleisch! Irgendwie begann ich mir damals selbst für einen kurzen Augenblick unheimlich zu werden, denn daß ich noch einmal zu einem Vegetarier würde, das hätte ich mir selbst in meinen schlimmsten Alpträumen niemals vorzustellen gewagt. Aber bitte, jetzt fand ich diese umstürzende Entwicklung überhaupt nicht mehr absonderlich, sondern eher selbstverständlich. Es gab für diesen Schritt zur vegetarischen Ernährung auch keinerlei ideologische Gründe, sondern ich hatte einfach keinen Appetit mehr auf Metzgerei und Metzelei. Es war einfach aus und vorbei.

Und ganz ähnlich erging es mir damals mit dem Wein. Was habe ich ihn geliebt, den Rotwein, und in der Tat nimmt man mit der Öffnung jeder exzellenten Flasche an dem großartigen Ergebnis einer uralten Kultur teil, das einen körperlich wie spirituell begeistern und erheben kann. Wohlgemerkt, ich spreche hier nicht vom Saufen, sondern vom Trinken, und das sind zwei völlig unterschiedliche Dinge, so unterschiedlich wie Lärm und Musik. Ich hatte nach dem sommerlichen Desaster in der Toskana nicht sofort den Alkoholkonsum eingestellt, aber unter dem Eindruck des anhaltenden Wandels meines gesamten Lebensstils und meiner neuen läuferischen Erfahrung ließ ich doch mehr und mehr das Glas Wein unberührt stehen und begnügte mich mit Mineralwasser. Auch hier war es kein intellektueller oder gar ideologischer Antrieb oder gar Zwang, sondern ich wollte eben nicht mehr. Die Dinge eskalierten bis zu jenem denkwürdigen Tag, als ich zu Beginn des Monats Dezember 1996 zu einer Weinprobe eingeladen wurde, bei welcher ausschließlich der göttliche »Petrus« gereicht wurde, ein Rotwein aus dem lauschigen Winzerörtchen Pomerol bei Bordeaux, der Weinkenner in den siebten Himmel entführt und zugleich ihr Bankkonto ruiniert. Ich sagte dieses für Weinkenner fast nur noch himmlisch zu nennende Ereignis kurzfristig ab, weil ich nach langen inneren Dialogen mit mir selbst feststellte, daß mir dieses Paradies nichts mehr bedeutete. Der Grund war ebenso schlicht wie überzeugend: Ich wollte einfach nicht mehr. Und seitdem wußte ich, daß auch das Kapitel Wein bis auf weiteres für mich zu Ende war.

Ich hatte mich gemäß meinem Plan auch in einem Sportstudio angemeldet, und so begann mein grundlegend veränderter Tagesablauf langsam feste Konturen anzunehmen. Morgens früh aufstehen, Liegestützen und Sit-ups, anschließend Laufen, dann Frühstück mit Obst, zuerst Cornflakes und später Müsli, Kaffee, tagsüber Obst, am späten Nachmittag oder abends dann ins Sportstudio für eine Stunde, Gewichtetraining für Oberarm-, Brust-, Rücken-, Bauch- und Beinmuskulatur, anschließend Duschen, Abendessen mit viel Gemüse, Kohlehydraten, wenig Fett und selten etwas Fisch – nicht satt essen! –, und dann war ich müde, fühlte mich zugleich erschöpft und doch auch wiederum pudelwohl und wollte schlicht und einfach nur noch ins Bett. Am wichtigsten für meine persönliche Motivation erwiesen sich damals die Reaktionen des persönlichen Umfeldes auf meine sichtbare Veränderung und dann vor allem das morgendliche Erfolgserlebnis auf der Waage, denn bereits nach wenigen Wochen zeigte mir die ob ihrer Unbestechlichkeit in meinem vorherigen Leben ach so gehaßte Waage, daß ich im Durchschnitt zwischen 700 und 1100 Gramm Körpergewicht in der Woche verlor. Das konnte sich im wahrsten Sinne des Wortes sehen lassen.

Freilich nagte der Hunger ganz gewaltig in mir, denn satt essen war nicht mehr, und so überkam mich immer wieder die Sehnsucht nach den Futterorgien der Vergangenheit, und es lockte durchaus auch ein wunderbares Glas Rotwein, aber mit jeder weiteren Woche verlor ich zunehmend die Lust auf solche Rückfälle, denn die Folgen am nächsten Morgen waren eben sehr hart. Der Wecker klingelte, und es begann dann in der Frühe unerbittlich immer dieselbe Prozedur. Betrüge dich niemals selbst! So lautete meine erste Devise, und daran hielt ich mich ohne Ausnahme. Zudem hatte ich die alte Trainerweisheit aus längst verflossenen Tagen im Ohr, daß gute Trainingseinheiten weh tun müssen, und ergo biß ich die Zähne zusammen und kämpfte mich jeden Tag erneut durchs Morgengrauen. Bei diesen frühmorgendlichen Exerzitien kannte ich kein Erbarmen mit mir selbst, denn hier ging es gewissermaßen um den Kern meiner inneren Machtfrage, die ich mit mir selbst auszutragen hatte. Würde ich hier nachlässig werden, würde ich hier einknicken und mir sagen, heute habe ich keine Lust, es ist zu kalt, zu ungemütlich oder ich bin zu müde, so würde ich mein Programm gewiß nicht durchhalten. Die Ausreden überwiegen in der Regel immer die guten Gründe, es sei denn man hält sich stur an einen Rhythmus, der Ausnahmen nicht zuläßt. Und so stand ich im Morgengrauen auf und lief los, egal wie sich die Witterung auch immer darstellte, denn ich wußte, daß allein das Finden meines Rhythmus und die Gewöhnung an das tägliche Ritual mir über den inneren Schweinehund hinweghelfen würden. Nur einmal, bei einem herbstlichen Orkan, habe ich das Laufen unterlassen, weil es an diesem Tag draußen einfach zu gefährlich war, ansonsten aber ging und geht es sommers wie winters und bei jedem Wetter auf die Piste. Wer läuft, schwitzt und wird ergo naß. Insofern kommt es auf den Regen nicht an. Warm wird einem zudem, so daß man sich im Winter lediglich ordentlich kleiden muß, und der Sommer bietet sowohl morgens als auch abends Tageszeiten, die zum Laufen richtiggehend einladen. Merke daher: Das Wetter taugt beim Laufen fast niemals zur Ausrede!

Nichts ist so erfolgreich wie der Erfolg, und das gilt vor allem für den Laufanfänger, denn er kann seine Erfolge und weiteren Fortschritte direkt in Schritten und Zeiten abmessen. Mit jeden weiteren 100 Gramm Gewichtsverlust, mit jeder zusätzlichen Steigerung beim Konditionsaufbau wurde die gelaufene Strecke länger und die Schritte dabei immer leichter. Vorbei die Zeit des rasselnden Atems, der weichen Knie an der kleinen Steigung am »Langen Eugen«, denn die Umrundung des Bundestags hatte ich bereits hinter mir gelassen. Ich lief jetzt immer weiter den Rhein aufwärts, einen Baum, ein Gebüsch oder die nächste Kilometermarke des Flusses als neues Ziel ansteuernd. Und von weitem hatte ich sie bereits seit längerem täglich im Auge: die Bonner Südbrücke, auch wenn mir die Entfernung damals noch sehr gewagt erschien. Sie war das erste große Ziel, das ich mir läuferisch setzte, und das waren, Hin- und Rückweg zusammengerechnet, immerhin schon ca. 3 km. Weiß Gott, für meine damaligen Verhältnisse war dies eine lange Strecke. Und Ende November 1996 war es dann soweit, ich erreichte zum ersten Mal die Südbrücke in einer Zeit von um die 25 Minuten. Was war ich stolz auf mich!

Ein so starker Gewichtsverlust, wie ich ihn mir damals zumutete, bedeutete aber sowohl körperlich als auch mental eine sehr große Anstrengung, die nun keineswegs überwiegend Glücksgefühle hervorrief, sondern die meiste Zeit vielmehr zum genauen Gegenteil führte. Meine Laune wurde zunehmend und anhaltend mies, aggressiv, unduldsam, mein Aussehen war alles andere als von Optimismus geprägt, sondern ich sah eher grau, eingefallen und krank aus. Kein Wunder auch, denn da war immer dieses anhaltende, nagende Hungergefühl, an das ich mich zu gewöhnen hatte und das ganz erheblich zu meiner schlechten und aggressiven Laune beitrug. Vorbei die Zeiten der gemütlichen Wohlbeleibtheit, des umgänglichen Dicken, denn die mir selbst verordnete Askese forderte ihren harten psychischen Tribut. Im Klartext gesprochen war ich körperlich zwar in einer monatlich immer besser werdenden Verfassung und Form, mental ging es mir aber gar nicht gut, was mich angesichts der selbstauferlegten Herausforderung aber weder verwunderte noch groß beunruhigte. Mir war von Anfang an klar gewesen, daß die Zeit des körperlichen Umbaus für mich weder leicht noch angenehm verlaufen würde, und so bat ich mich selbst und meine Umgebung einfach um Verständnis und Zeit. Die absehbare Entwicklung hin zum Kotzbrocken im persönlichen Umgang beantwortete ich mit einem weiteren Rückzug auf mich selbst. Dieser Rückzug verstärkte wiederum die asketische Lebensgestaltung, denn ich konzentrierte mich in meinem ganzen Tagesablauf immer stärker darauf, und das war gut so, denn es ging eben bei diesem ganzen Unterfangen vor allem um mich selbst …

Und noch eine Veränderung stellte sich im November 1996 ein. Ich war damals einige wenige Tage in das Haus eines Freundes in die Toskana zurückgekehrt, und dort war es ebenfalls ziemlich einsam. Irgendwann kramte ich nach CDs, um Musik zu hören, und ich fand nur klassische Musik – Requiems, Streich- und Klavierkonzerte, Kantaten etc. Zu klassischer Musik hatte ich bis dato ein ähnlich leidenschaftliches Verhältnis gehabt wie zum Laufen, nämlich gar keines. Zwar hatte ich es einmal als Schüler mit dem Lernen des Flügelhornblasens im dörflichen Musikverein versucht, war aber jämmerlich an dem Lärm, den diese Übungen notgedrungenermaßen verursachten, an den beengten Lebensverhältnissen in meiner Familie und an der Nachtschicht eines Nachbarn gescheitert, der unter wüsten Beschimpfungen und unter Androhung von Prügeln rabiat gegen meine musikalischen Gehversuche als Hornist intervenierte. So endete meine aktive Musikantenlaufbahn bereits in ihren allerersten Anfängen. Meine Versuche mit der Oper waren noch weniger erfolgsgekrönt. Während meiner Fotografenlehre Mitte der sechziger Jahre hatte ich dereinst Karten für Verdis Aida im Großen Haus in Stuttgart geschenkt bekommen. Das Musikspiel empfand ich als quälend langweilig, zudem war ich unausgeschlafen, und so dämmerte ich dahin, wachte gerade zum blutigen Finale wieder auf und zog aus diesem müden Erlebnis den fatalen Schluß, daß die Oper, wie überhaupt alle ernste Musik, nichts oder nur wenig für mich war. Und nun hörte ich an jenem verregneten Herbsttag ein Quartett von Mozart und war plötzlich hin und weg. Frei nach Wilhelm Busch ging es mir wie Hans Huckebein, dem Raben – »es wurd ihm so verwunderlich, so leicht und so absonderlich« –, freilich ohne daß ich, wie dieser mopsfidele Rabe, zuvor zu tief ins Glas geschaut hätte. Es war allein die Musik, die mich unversehens in ihren Bann schlug, und so ist es bis heute geblieben. Das Laufen und die Oper, Mozart vor allem, sind seit jenem elegischen November in den Hügeln der toskanischen Crete für mich zu zwei völlig neuen Erfahrungen geworden und folglich untrennbar miteinander verbunden. Im übrigen war es auch damals in genau diesen Hügeln südlich von Siena gewesen, wo ich mich zum ersten Mal in steilerem Gelände als Läufer versuchen sollte. Freilich blieben diese ersten Versuche äußerst zaghaft, denn an die wirklichen Steigungen, die es dort reichlich gibt, traute ich mich noch nicht heran.

Die meisten Menschen leben ihren Alltag nach einem bestimmten, ihnen selbst kaum bewußten Programm, das in der Regel aus einer Komposition besteht, die sich aus den Eigenschaften der jeweiligen individuellen Persönlichkeit, den Zufällen der Biographie und den gegebenen Umständen zusammensetzt. Dieses »Programm« ist also meist nicht das Ergebnis einer bewußten Entscheidung, sondern vieler Zufälligkeiten der individuellen und kollektiven Lebensumstände. Wir folgen ihm tagaus, tagein in all unseren Handlungen. Es kann sich in Einzelheiten verändern, es kann sich sogar als Ganzes dynamisch verändern, etwa aufgrund veränderter Lebensumstände, aber letztendlich entsteht aus unseren individuellen Anlagen und Neigungen und aus all den zahllosen Gelegenheiten, Wünschen und Zwängen eines Menschen ein Programm, ohne daß er dies bewußt wahrnimmt. Es bedarf meist einer sehr tiefen persönlichen Krise (z. B. Trennung, Krankheit, Verlust) oder einer aus triftigen und unabweisbaren (etwa wissenschaftlichen) Gründen bewußt getroffenen Entscheidung, um dieses »automatische« Alltagsprogramm radikal zu verändern oder gar bewußt in Frage zu stellen und umzustürzen.

Freilich gibt es noch eine dritte Möglichkeit, nämlich durch erfolgreiche Vorbilder zu diesem Schritt veranlaßt zu werden. Dies setzt jedoch die innere Bereitschaft dazu voraus. Mittlerweile habe ich in meinem Freundeskreis einige getroffen, die genau aus diesem Aspekt heraus – »der hat es geschafft, dann kann ich das auch« – eine erfolgreiche Selbstveränderung durch Gewichtsreduktion und Laufen erreicht haben. Es geht also auch anders, wie die Erfahrung lehrt. Wenn ich hier also über Übergewichtigkeit und Abnehmen rede, dann müssen wir uns genau diesem persönlichen Programm und seiner bewußten Veränderung, einer regelrechten Umprogrammierung zuwenden. Die *bewußte Umprogrammierung* ist dabei der alles entscheidende Unterschied, denn die persönliche Krise allein führt nicht mit Notwendigkeit zu diesem Ergebnis. Hierzu bedarf es vielmehr einer weiterreichenden, einer bewußten und gewollten Entscheidung.

Alle die in diesem Buch von mir skizzierten persönlichen Veränderungen weisen nämlich hin auf den Kern des Problems und seine Lösung – die *tiefgreifende Änderung des persönlichen Programms.* In Wirklichkeit – und das begriff ich bewußt erst sehr viel später – hatte ich mich in all den Wochen und Monaten seit jener Zäsur in meinem Leben im August 1996 darangemacht, mich selbst und damit meinen Alltag völlig umzuprogrammieren, indem ich mir spontan und mehr der Not als einem Plan gehorchend ein völlig anderes und gänzlich neues persönliches Programm zu schreiben begann. Und genau darin bestand und besteht für mich das eigentliche Geheimnis meines Erfolges. Bei all den früheren Versuchen abzunehmen, mit all den Diäten und Fastenkuren und Verzichtsversuchen mußte ich ganz offensichtlich scheitern, weil ich schlicht in meinem alten, persönlichen Programm und dessen Bezugssystem verblieben war. Ich quälte mir Jahr für Jahr ein Kurieren an den Symptomen ab, während ich die Ursachen der Malaise nicht anrührte. Exakt deswegen waren eben all die Fastenkuren eine Qual, da ich mit meinem Programm unverändert im System »Futtern und Völlen« blieb und nur dessen Auswüchse begrenzen wollte. Das mußte schiefgehen und ging auch gründlich schief. Ich hatte ganz offensichtlich nicht den Mut und auch nicht die Antriebskraft gehabt, das tiefer liegende »Programm« für mein Übergewicht zu ändern, denn das hätte meine ganze Lebenshaltung, meinen ach so geliebten Alltag zwischen Berufsstreß einerseits und Lammkeule und Burgunder andererseits in Frage gestellt. Freilich wurden mir all diese Zusammenhänge, wie bereits erwähnt, erst einige Zeit später und nach vielen Diskussionen selbst so richtig klar. Erst da begriff ich, was ich eigentlich mit mir anzustellen gedachte.

Die körperlichen Veränderungen an mir waren mit den Händen zu greifen, und ich mußte nur in den Spiegel schauen, um anhand des ganzen Ausmaßes der äußeren Veränderungen Rückschlüsse auf die inneren Umbrüche ziehen zu können. Laufen, Essen, Musik, ein völlig anderer Alltag, grundsätzlich andere Prioritäten – ich konnte mir längere Zeit vieles von diesen Veränderungen nicht recht erklären, und manches kam mir deshalb recht merkwürdig vor, um es ganz milde auszudrücken. Rückt man nun all die feststellbaren Veränderungen der Persönlichkeit und ihrer Gewohnheiten, die bis dato selbstverständlich und ganz offensichtlich unverrückbar gewesen waren, in diesen Interpretationsrahmen der Umprogrammierung, dann machen sie plötzlich Sinn und sind alles andere als zufällig. Die Essensgewohnheiten, der geliebte Rotwein, ein bestimmter Lebenswandel, der Musikgeschmack – all dies waren wesentliche Ausdrucksformen der Persönlichkeit und ihres alltäglichen Lebensstils oder auch Programms, die jetzt einer tiefgreifenden Veränderung unterzogen wurden. Und mit der dauerhaften Veränderung des Programms mußten sich deshalb auch notwendigerweise dessen alltägliche Ausdrucksformen im gesamten Lebensstil verändern. Im übrigen spricht die Anschaulichkeit des Ergebnisses für sich: Der Abbau von bis zu 35 Kilo Übergewicht in etwas mehr als einem Jahr legt zumindest eine gewisse Schlüssigkeit dieser Methode nahe.

Körperliches Übergewicht ist, sofern es nicht auf krankhafte Bedingungen zurückgeführt werden muß, allzuoft das sicht- und wiegbare Ergebnis von Suchtverhalten. Die verschiedensten Arten von Sucht gehören als Möglichkeit konstitutiv zum Menschen und seiner Triebstruktur, denn Suchtverhalten ist meist nichts anderes als die Wirkung von mehr oder weniger außer Kontrolle geratenen elementaren Überlebenstrieben des Menschen. Nur die Triebstruktur des Menschen hat eine solch elementare Kraft über das Ich, um es temporär oder gar dauerhaft außer Kraft zu setzen, so daß es zu Suchtverhalten kommt. Wenn dieses Ich also zu schwach ist oder einer schweren Störung seiner inneren Harmonie im Verhältnis zu sich selbst und seiner Umgebung ausgesetzt wird, kann ein Teil der Triebstruktur einer Persönlichkeit sich verselbständigen und das Ich völlig seinen Zwängen unterwerfen, so daß der Tatbestand der Abhängigkeit gegeben ist. Zumindest beim Essen und Trinken läßt sich diese These unschwer nachvollziehen, aber sie gilt wohl auch ganz allgemein für menschliches Suchtverhalten. Die Kontrolle unseres elementaren Triebverhaltens durch das Ich findet nun nicht im Körper, sondern im Kopf statt, d. h. der Verlust der Kontrolle und damit die Sucht sind zuerst und vor allem ein psychisches, kein körperliches Problem, wohl aber wird der Körper durch Suchtverhalten allzuoft in schwerste Mitleidenschaft gezogen.

Der Verlust rational steuernder Kontrollmechanismen kann ebenso auf veränderte Bedingungen in der Lebenswelt wie auch auf eine schwere Störung der inneren Harmonie einer Persönlichkeit oder gar auf beides zurückgeführt werden, die Wirkung bleibt gleichwohl immer dieselbe. Der betroffene Mensch wird einem inneren Handlungszwang unterworfen, der ihn zu einem Verhalten treibt, mit dem er sich selbst beschädigt oder im schlimmsten Fall sogar völlig zu zerstören droht. Das verlorene innere Gleichgewicht, das die Sucht hervorruft, läßt sich wiedergewinnen, indem man entweder die Persönlichkeit in ihren beschädigten Tiefenschichten therapeutisch heilt oder aber, eine Ebene darüber, bestehende Verhaltensdispositionen anders lenkt, d. h. hin zu einem mit dem eigenen Ich konform gehenden Verhalten umkonditioniert.

Es macht, bei im wesentlichen gleichem Trieb- oder sogar Suchtverhalten, eben einen gewaltigen Unterschied, ob ich mir mit derselben Leidenschaft mehrmals täglich die Wampe bis zum Anschlag fülle oder ob ich dieselbe überschießende Triebenergie etwa in Laufen und körperliche Fitneß umsetze. Wichtig dabei ist, daß zwischen einem körperschädigenden Suchtverhalten und einer körperkonformen Umsetzung derselben psychischen Energien auch ein qualitativer Unterschied besteht. Laufen ist durch unsere Biologie bestimmt und eben keine Sucht! Das eine endet in Selbstbeschädigung oder gar Selbstzerstörung, das andere ist körperkonform, gesund und wirkt zudem überaus positiv auf das eigene Selbstwertgefühl. Es war nun genau diese letztere Alternative, die ich spontan ergriffen und dann Schritt für Schritt in die Wirklichkeit umgesetzt habe.

Erst durch die zielgerichtete Veränderung meines inneren Lebensrhythmus gelang mir also, woran ich in all den Jahren zuvor immer wieder jämmerlich gescheitert war, nämlich radikal und dauerhaft abzunehmen. Nur diese radikale Lebensänderung war die Voraussetzung für eine erfolgreiche und anhaltende Gewichtsreduzierung. Oder, um es in die Begriffe der digitalen Welt zu übersetzen: das wirkliche Geheimnis meines Erfolges war das Auswechseln und völlige Neuschreiben meiner persönlichen Programmdiskette. Ohne diese umfassende und zielgerichtete Veränderung meines gesamten Lebensstils, meines gesamten Tagesablaufs, meiner Ernährung, meiner Vorlieben und Gewohnheiten wäre ich, wie all die Jahre zuvor, bei meinen zahllosen Versuchen abzunehmen wohl genauso gescheitert wie immer. Mit der Neuprogrammierung wurden mir Dinge möglich, die ich bis dato als schlicht unmöglich angesehen hatte. Plötzlich war fast täglich Zeit für mich selbst vorhanden, und die Verpflichtungen durch die Arbeit ließen sich sehr wohl mit meinem neuen Lebensrhythmus vereinbaren, ohne daß die Arbeit und meine Effizienz darunter zu leiden hatten. Das genaue Gegenteil war vielmehr der Fall. Tatsächlich fand ich fast immer Zeit zum Laufen und mich um mich selbst zu kümmern, weil ich mir eben ganz einfach andere Prioritäten, auch andere Zeitprioritäten, durch mein neues Programm gesetzt hatte. All die bewährten Ausflüchte erwiesen sich fortan also als schlicht gegenstandslos und hinfällig, und auch der berüchtigte Jojo-Effekt, zu dem es bei den vorangegangenen und prompt gescheiterten Versuchen zur Gewichtsreduzierung gekommen war, verlor all seinen Schrecken, sein Mechanismus war durch das neue Programm außer Kraft gesetzt worden. Dieser ganze frustrierende Kreislauf zwischen Verzicht und Völlerei war dauerhaft durchbrochen worden, ich war jetzt nicht mehr in meinem alten System gefangen, sondern hatte unter dem Druck einer persönlichen Katastrophe einen eigentlich schon längst fälligen Systemwechsel vollzogen, und dessen positive Folgen machten sich jetzt mehr und mehr physisch und mental bemerkbar. Als Katalysator dieser persönlichen Transformation und – wie könnte es bei einem »Extremisten« wie mir auch anders sein – sehr bald auch als neue Leidenschaft sollte sich das Laufen erweisen. Durch die Faszination des Langlaufs – »dem Gleichmaß der Schritte entspricht ein Gleichmaß des Seelenzustandes«[3] – gelang mir eine dauerhafte positive Umkonditionierung von wesentlichen Persönlichkeitsmerkmalen, denn mit derselben Radikalität, mit der ich vorher gefuttert und gebechert hatte, nahm ich nunmehr die Kilometer unter die Turnschuhe. Alan Sillitoes »Einsamkeit des Langstreckenläufers« sollte sich für mich als die eigentliche Therapie erweisen, und seitdem laufe ich, und zwar mit nach wie vor wachsendem Genuß. Jawohl, ich meine exakt, was ich schreibe: Genuß!

3 Willi Kohler, S. 95

V
Und läuft und läuft und läuft …

Es ist heute wieder einmal einer jener Tage gewesen, bei denen von acht Uhr in der Frühe bis spät in die Nacht hinein ein Termin den anderen jagte – Staatsgäste, Ausschußsitzungen, Kabinett, Rücksprachen im Amt, Interviews und am Ende noch ein Treffen beim Bundeskanzler im kleinen Kreis. Gegen 22.30 ist der Tag zu Ende, die anderen bleiben noch bei einem Glas Rotwein sitzen, während ich jetzt unbedingt raus muß, raus auf die fast mitternächtlichen Straßen Bonns, um noch eine Stunde zu laufen. Auf die Frage, wo ich denn um diese Uhrzeit hin müsse, antworte ich wahrheitsgemäß, daß ich jetzt zu laufen gedächte, und ich sehe nach dieser Antwort meinen Gegenübern an, daß sie mich für völlig bekloppt oder zumindest für gefährlich fanatisch halten. Ja richtig, denke ich mir, denn welcher vernünftige Mensch geht denn um diese Uhrzeit und nach einem solchen Arbeitstag noch laufen? Aber nach einem solchen Arbeitstag will ich noch etwas abspannen und genießen, und das geschieht jetzt eben nicht mehr bei einem Glas Rotwein und noch einem Glas und noch einem weiteren, sondern jetzt sind es 10 Kilometer am nächtlichen Rheinufer zwischen Bonn und Bad Godesberg.

Ich habe seit längerer Zeit viel zu wenig Schlaf, denn der Tag hat für den deutschen Außenminister einfach nicht genügend Stunden, ich fühle mich heute bereits seit Stunden erschöpft, den Kopf ausgelaugt, körperlich schlapp und wie durch eine trübe Pfütze gezogen, müde und zerschlagen. Was ich jetzt brauche, ist Erholung, und zwar für den ganzen Menschen, für Körper und Geist. Früher wäre ich in die Kneipe gegangen oder einfach nur ins Bett, heute weiß ich, daß ich diese Erholung selbst noch kurz vor Mitternacht auf der Straße finden werde. Wenn ich nach ca. 1 Stunde und 10 Kilometern Laufen schweißnaß und quietschfidel in meine Wohnung zurückkehre, werde ich mich wie neugeboren fühlen, denn der ganze Frust, die Müdigkeit und Schlappheit werden von mir abgefallen sein. Und ganz nebenbei habe ich vielleicht dann auch noch das eine oder andere politische Problem in meinem Kopf gelöst, oder mir ist ein neuer Gedanke gekommen, denn beim Laufen passieren im Kopf bisweilen die erstaunlichsten Dinge.

Man muß diese Erfahrung wohl selbst gemacht haben – daß man sich durch einen einstündigen Lauf nicht kaputtmacht, sondern, ganz im Gegenteil, hervorragend erholen kann –, bevor man solche Geschichten tatsächlich glaubt. Mir ist es früher zumindest so gegangen, bis ich dieses Erlebnis selbst hatte. Laufen heißt Anstrengung, aber exakt diese Anstrengung des gesamten Körpers – über eine längere Zeit hinweg in einem gleichbleibenden Rhythmus – ist es (die entsprechende Kondition durch regelmäßiges Training selbstverständlich vorausgesetzt), die den gesamten Organismus in Bewegung versetzt, die Lungen heftig pumpen läßt, den Körper bis in die feinsten Kapillargefäße hinein mit Sauerstoff versorgt und dadurch aktiviert und dabei auch noch den Kopf in eine meditative Ruhe versetzt, die kreative Assoziationsketten von Ideen und Gedanken fast wie von selbst ablaufen läßt.

Wie gesagt, man muß, um diese Wirkung nachvollziehen zu können, die Sache selbst einmal gemacht und erlebt haben, bevor man sie glaubt, dann wird man sie aber nicht mehr vermissen wollen. Wird man deshalb auch gleich süchtig, süchtig aufs Laufen? Und hätte ich demnach nur ein Suchtverhalten gegen ein anderes ausgewechselt? Es wird zudem viel vom sogenannten »Endorphin-Kick« gemunkelt, und es mag ja sein, daß bei einer anhaltenden Dauerbelastung körpereigene Glückshormone oder Opiate freigesetzt werden, die unser Körper zur besseren Erträglichkeit einer solchen Ausdauerbelastung bereithält, aber meine persönliche Erfahrung läßt mich diese ganze Angelegenheit mit den Endorphinen, dem »runner's high« und all den anderen Nettigkeiten als maßlos überschätzt begreifen. Beim Langlauf, immer einen ausreichenden Trainingsstand vorausgesetzt, fühle ich mich nach einiger Zeit in der

Tat meistens sehr gut, und dies hält auch noch Stunden danach an. Dabei spielen aber nach meiner Beobachtung mehrere physiologische und psychologische Faktoren eine Rolle: die »Sauerstoffdusche« für den Organismus, die Aktivierung der gesamten Muskulatur und des Hormonhaushalts, mag sein auch die Ausschüttung körpereigener Glückshormone und schließlich, last, but not least, der meditative Aspekt, der zu einer unglaublichen inneren Entspannung führen kann.

Insofern ist es meines Erachtens falsch, das Laufen selbst in seiner extensiven Form als Suchtverhalten zu bezeichnen, denn letztendlich bleibt es eine tägliche Entscheidung: Laufe ich heute oder laufe ich nicht. Es gibt in meiner Erfahrung keinen mit dem Freßzwang vergleichbaren Laufzwang, die tägliche Entscheidung zu treffen verlangt bisweilen eine ziemliche Überwindung. Gewiß werde ich unruhig, wenn ich einmal zwei Tage nicht zum Laufen gekommen bin. Ich fange an, mich unwohl zu fühlen, weil ich die körperliche Belastung und die meditative Entspannung vermisse, aber Suchtverhalten ist wie gesagt etwas völlig anderes.

Wie auch immer, ursprünglich hatte ich dem Laufen neben der Arbeit an den Gewichten im Sportstudio nur eine Nebenrolle in meinem Umbauprogramm beigemessen, innerhalb eines Vierteljahres wurde es jedoch dann von einer Nebensache zur eigentlichen Hauptsache, was so eigentlich nicht geplant war. Im Laufe des November hatte ich die Südbrücke in Bonn erreicht und tastete mich nun langsam voran. Das Laufen selbst fiel mir konditionell weiterhin schwer, auch wenn es mit der Mühsal der allerersten Anfänge mitnichten zu vergleichen war. Die Kraftanstrengung stand noch im Vordergrund der ganzen Übung, und Durchhalten war alles. Zudem hatte ich damals noch regelrecht Angst vor der wachsenden Entfernung meiner Zielpunkte, denn ich traute mir den Rückweg eigentlich immer noch nicht als eine Selbstverständlichkeit zu. Dennoch ging es nach und nach immer weiter weg, die Südbrücke blieb weiter hinter mir, und schließlich setzte ich mir den Ortsrand von Plittersdorf, einem Stadtteil von Bad Godesberg, rheinaufwärts von Bonn gelegen, zum neuen Ziel. Ostern 1997 wollte ich diese neue, für meine damaligen Verhältnisse gewaltig erscheinende Herausforderung bewältigt haben.

Aber auch hier sollte sich die Politik als mein eigentliches Schicksal erweisen. Ich hatte bei meinen kühnen sportlichen Planungen nicht mit der Steuerreform und dem damaligen Bundesfinanzminister Theo Waigel gerechnet. Die verehrte Leserschaft wird sich jetzt fragen, was zum Teufel eigentlich der Bundesfinanzminister und seine Steuerreform mit meinen läuferischen Fortschritten zu tun hatten. Ganz einfach: Es war ein trüber Tag im späten Januar des Jahres 1997 gewesen, als die damalige konservativ-liberale Koalition ihre längst angekündigte Steuerreform auf dem Petersberg bei Bonn beschloß. Auf der anschließenden Pressekonferenz des Bundesfinanzministers schien der Koalition das Ei des Kolumbus in den Schoß gefallen zu sein, denn alle zuvor scheinbar unlösbaren Widersprüche, an denen unsere Fachleute seit Monaten herumgeknobelt hatten – sinkende Steuereinnahmen, wachsende Arbeitslosigkeit, Kosten der Einheit, allseits klaffende Haushaltslöcher und der durch die kommende Einführung des Euro ausgelöste Sparzwang in den öffentlichen Haushalten –, schienen urplötzlich wie von Zauberhand gelöst zu sein, und selbst unsere Fachleute in der Fraktion waren für zwei lange Augenblicke tief beeindruckt. Ich kochte innerlich vor Wut, denn Wunder waren selten auf dieser Welt, und schon gar nicht glaubte ich an diese mirakulöse Steuervermehrung durch Steuersenkung. Ich hielt diese ganze Rechnung von Anfang an für einen schlichten Schwindel, denn angesichts der dramatischen Haushaltslöcher und des durch die Kriterien für den Euro erzwungenen Verzichts auf eine wesentliche Erhöhung der Nettoneuverschuldung konnte ich mir beim besten Willen nicht erklären, wie der Finanzminister seine Steuersenkungen eigentlich finanzieren wollte, ohne daß der Staatshaushalt chronisch unterfinanziert und damit völlig aus den Fugen geraten würde. Oder er würde zu anderer Zeit eben die Mehrwertsteuer erhöhen müssen.

Und in der Tat, am Abend, nach stundenlangen internen Debatten, war klar, daß diese Steuerreform letztendlich durch Steuererhöhungen finanziert werden mußte, über die allerdings die stolzen Väter der Reform zur Stunde noch vornehm schwiegen. Als ich mich am nächsten Morgen wieder Richtung Rheinufer aufmachte, tobte

Anfang 1997

ich ob des Schwindels innerlich immer noch vor mich hin, formulierte bereits eine Rede wider den Steuerbetrug im Kopf, hatte dabei mir nichts, dir nichts die Südbrücke hinter mich gebracht, ohne es recht zu bemerken, und lief immer weiter. Dann hatte ich das Wasserwerk in den Rheinauen erreicht, lief auch daran vorbei und tobte immer noch stumm vor mich hin, und schließlich war ich an der Tennishalle angekommen, der Ortsrand von Plittersdorf war erreicht – etwa 3,5 Kilometer –, und ich bekam einen gehörigen Schreck! Schaffe ich das jetzt auch wieder zurück? Und gemäß einem meiner ehernen Grundsätze mußte ich jetzt fortan jeden Tag diese Strecke zurücklegen!? Nebbich, wie die kommenden Tage zeigen sollten. Der Rückweg erwies sich als machbar, und der Stolz auf meine läuferische Leistung kannte keine Grenzen, denn Plittersdorf war zwei Monate vor der prognostizierten Zeit erreicht worden. Theo sei Dank! Und fortan stand also täglich die 7-Kilometer-Marke zur Bewältigung an, die ich dann nach etwa einer Woche vorsichtig weiter auszubauen begann.

Im Februar 1997 (Februar!) hatte ich an der Fähre Plittersdorf die 10-Kilometer-Marke (immer Hin- und Rückweg gerechnet) erreicht, und von weitem sah ich bereits die weißen Gebäude des »Rheinhotel Dreeßen« mit der 12-Kilometer-Marke winken. Es ging also voran mit meinen läuferischen Exerzitien, unaufhaltsam, und es ging synchron dazu stetig weiter abwärts mit meinem Körpergewicht. Beide Erfolgskurven zusammen – die Länge der Laufstrecke und die Maßzahl der Waage – bedeuteten für meine Motivation einen gewaltigen Schub, weiter durchzuhalten und die Anstrengungen sogar noch zu verstärken. Auch die Waage meldete wöchentlich neue Abnehmrekorde: Die 85 Kilogramm Lebendgewicht lagen jetzt hinter mir, und ich näherte mich meiner Zielmarke von 80 Kilogramm. Allerdings wollte ich keineswegs jetzt schon mit der Gewichtsreduktion aufhören, und so mußte ich mir auch gewichtsmäßig neue Ziele setzen. Ich befand mich in einer Stimmung des »Jetzt will ich es wissen!«, d. h., die Frage mußte beantwortet werden, ob ich am Ende gar die 75 Kilogramm schaffen würde. 75 Kilogramm! Das war ziemlich genau mein »Einstiegsgewicht« gewesen, damals im Jahr 1983, als ich zum ersten Mal in den Bundestag zog und mein gemütliches alternatives Leben beendete. Und jetzt war diese Zahl plötzlich wieder in den Bereich des Machbaren gerückt und nicht mehr nur eine traurige Erinnerung an definitiv vergangene Zeiten. Ich konnte es selbst kaum glauben.

Zwischen Februar und März 1997 hatte ich eine weitere wichtige läuferische Hürde überschritten, die es ebenfalls festzuhalten gilt: Die »Quälphase« war abgeschlossen. Irgendwann bemerkte ich, daß mir das Laufen nicht mehr diese auspowernde körperliche Mühe machte wie in all den Monaten zuvor. Ganz offensichtlich hatte ich jetzt eine ausreichende Grundkondition erreicht, so daß ich mich während des Laufens nicht mehr mit meiner mangelnden körperlichen Verfassung herumquälen mußte, sondern jetzt die anderen Dimensionen des Langlaufs erschließen konnte. Die Kondition war wesentlich verbessert worden, die Strecken wurden zunehmend länger, und damit trat der sogenannte »Kick« oder auch »Tunneleffekt« in den Vordergrund, d. h., nach etwa 7 Kilometern wirkte dann und wann doch spürbar die Endorphinausschüttung des Körpers, und gleichzeitig verlor man sich im Kopf auf wunderbare Weise im monotonen Rhythmus der Schritte. Kurz, die Lauferfahrung, das *Erlebnis* des Laufens wurde immer interessanter, und so wartete ich ganz gespannt auf die nächsten Offenbarungen, welche die wachsenden Distanzen für mich bereithalten würden.

Es war wohl auch zu dieser Zeit, als ich mit dem einsetzenden Frühjahr mehr und mehr das Sportstudio hintanstellte und mich statt dessen voll auf das Laufen konzentrierte, das ich aus den angeführten Gründen mit immer größerer Begeisterung und wachsender Leistungsorientierung anging. Der Gewichtsverlust hielt weiter an, und ich achtete jeden Morgen sehr akkurat auf die neuesten Ergebnisse des Wiegens. Eine weitere Veränderung stellte sich jetzt ebenfalls ein, ich verzichtete auf den läuferischen Frühsport. Am frühen Morgen eine ganze Stunde zu laufen sollte sich nicht nur vom Zeitbedarf, sondern auch von meinem Biorhythmus her als zunehmend schwieriger erweisen. Nicht, daß ich zu faul gewesen wäre, recht früh aufzustehen, sondern es war vor allem die eigene Körperuhr, die um diese Zeit eine solche Belastung von einer Stunde und mehr ablehnte. Und so stellte ich mein Laufpensum nach und nach auf den Spätnachmittag oder gar Abend um – heute ist es oft sogar die tiefe Nacht –, was mir sehr gut bekommen sollte. Und so kam zu guter Letzt, was sich bereits seit längerem abgezeichnet hatte und was zudem gänzlich meinem Hang zum Extremen in der persönlichen Lebenshaltung entsprach: Ich hatte eine neue Leidenschaft entdeckt, das Laufen wurde fortan zur Passion, ja, mehr und mehr sogar zu einer regelrechten Obsession.

Weiter ging es jetzt im Abstand von wenigen Tagen den Rhein aufwärts, denn ich wurde nach all den Erfolgserlebnissen immer kühner und traute mir mittlerweile läuferisch einiges zu. Das Rheinhotel Dreeßen – die

12-Kilometer-Marke – wurde erreicht, und dann schließlich, ich erinnere mich noch sehr genau, denn es war an jenem Tag, als Hans-Dietrich Genschers 70. Geburtstag von seiner Partei mit einem offiziellen Empfang auf dem Petersberg mit mehreren hundert Gästen begangen wurde, erreichte ich die 16-Kilometer-Marke, die Fähre Mehlem. Ich hatte Genscher bereits persönlich gratuliert und zudem überhaupt keine Lust auf diese Großveranstaltung, andererseits hatte ich als Fraktionssprecher den protokollarischen Pflichten nachzukommen, auch wenn diese wenig Vergnügen verhießen. Gewiß, mein Fehlen würde kaum jemand bemerken, aber falls doch, so wäre mein Wegbleiben alles andere als höflich gewesen. Also entschied ich mich, Hans-Dietrich Genscher angelegentlich einer Plenarsitzung des Deutschen Bundestages direkt zu fragen, ob er denn auf meine Anwesenheit gesteigerten Wert legen würde, und erwartungsgemäß erwies sich der ehemalige Bundesaußenminister als überaus verständnisvoll, denn er entließ mich lachend aus meiner Verpflichtung. Und so erreichte ich an diesem späten Vormittag um die Mittagszeit die 16-Kilometer-Marke an der Fähre Mehlem, grüßte stumm beim Passieren des am gegenüberliegenden Rheinufer steil emporragenden Petersberges den Jubilar und die dort oben feiernde Geburtstagsgesellschaft und hatte damit, nach nur sechs Monaten, meinen bisherigen absoluten Streckenrekord erreicht.

Das Erreichen der 16-Kilometer-Marke brachte eine weitere Veränderung meines Trainings mit sich, denn

nunmehr mußte ich eine meiner »eisernen Grund-
regeln« aufgeben, nämlich daß eine einmal erreichte
Entfernung nicht mehr unterschritten wird. Ein Tages-
pensum von 16 Kilometern sollte sich für mich, sowohl
was die Kraft als auch den Zeitaufwand betrafen, einfach
als zu lang erweisen, und so entschied ich mich für eine
tägliche Regelstrecke von ca. 10 Kilometern an fünf bis
sechs Tagen die Woche, denn ein bis zwei Tage der
Regeneration mußten sein, was einen Zeitbedarf von
etwa einer Stunde allein für das Laufen ausmachte. Ein-
bis zweimal in der Woche wollte ich längere Strecken
laufen – es wurde dies meistens der Sonntag, denn da
hatte ich, jenseits von Parteitagen und Wahlkämpfen,
schlicht genügend Zeit zur Verfügung, um ungestört
eineinhalb oder zwei Stunden laufen zu können –, aber
die Grundstrecke sollten die 10 Kilometer werden, und
so ist es bis auf den heutigen Tag geblieben. Heute brauche ich bei ganz langsamem, regenerativem Joggen mehr
als eine Stunde, bei Tempo mit Ein- und Auslaufen um
die 53–56 Minuten, ansonsten +/-1 Stunde bei normaler
Dauerlaufgeschwindigkeit.
Ich war mächtig stolz auf meine läuferischen Leistungen
und die Tatsache, daß ich lange vor den gesetzten Zeit-
limits meine Ziele erreicht hatte. Aber jeder Erfolg
schließt zugleich auch eine Phase ab. Was nun? Wie
konnte es jetzt weitergehen? Was waren die nächsten
Ziele? Der Rhein sollte mir ein weiteres Mal die Antwort geben, denn ich sah, kaum daß ich mir die Frage
gestellt hatte, bereits das nächste Ziel von weitem strom-

aufwärts im Dunst des Flusses liegen, die Insel Nonnen-
werth, die bereits zum Nachbarland Rheinland-Pfalz
gehörte. Die Landesgrenze! Heureka! Genau das war es,
und fortan hatte ich also nur noch ein läuferisches Ziel
vor Augen, und das war die südliche Stadtgrenze von
Bonn, die, so hatte ich es dem Stadtplan entnommen,
etwa auf der Höhe des nördlichen Endes der Insel Non-
nenwerth verlief, und die Bonner Stadtgrenze macht
dort auch zugleich die Landesgrenze zwischen Nord-
rhein-Westfalen und Rheinland-Pfalz aus. Ca. 22,5 Kilometer Laufstrecke hin und zurück warteten da auf
mich, und diese Distanz – mehr als ein Halbmarathon –
wollte für einen naiven Laufnovizen wohlüberlegt angegangen sein. Ich hatte einen Heidenrespekt vor der
Strecke.

Wenn ein prominenter Politiker in Bonn anfängt zu
laufen und gar seine Figur so grundsätzlich verändert,
daß aus einem Mops ein hagerer Asket wird, ist es nur
eine Frage allerkürzester Zeit, bis der erste Journalist
darauf aufmerksam wird, dann folgt der erste Fotograf, dann erscheint mit Sicherheit die erste Meldung mit
dem ersten Foto in einer Zeitung, und dann nimmt das
Schicksal endgültig seinen Lauf, das heißt, die ganze Angelegenheit wird zu einem jener überaus bedeutsamen
Medienereignisse, die sich heutzutage zunehmender Be-
liebtheit erfreuen. Ich unternahm, wie bereits gesagt,
deshalb erst gar nicht groß den Versuch der Geheimhal-
tung, zumal mich nach den ersten Erfolgen gleichzeitig die angeborene Eitelkeit zwickte. Wieso sollte ich

eigentlich mein asketisch-läuferisches Licht unter den Scheffel stellen? War doch bisher nicht meine Art gewesen. Eben. Zumal der Politiker als solcher ja auch und nicht zuletzt von, durch und mit den Medien lebt. Und so meldete sich eines schönen Tages die Sportredaktion einer bedeutenden Hamburger Illustrierten bei mir, ein Redakteur mit Marathonerfahrung wollte einen Lauf mit mir machen und darüber im Rahmen eines Sonderheftes über Fitneß berichten. Warum nicht, sagte ich mir, und so verabredeten wir uns auf den Mittwoch in der Karwoche 1997, morgens um 11.00 Uhr. Das Parlament war bereits in den Osterferien, der Betrieb entsprechend ruhig, und ich hatte deshalb ausgiebig Zeit und vor allem Lust auf die anzugehende Langstrecke bis zur Landesgrenze.

Es war ein schöner Frühlingstag, noch recht frisch und neblig am Morgen, aber dann verschwand am späteren Vormittag der Nebel im Rheintal, ein strahlend blauer Himmel zeigte sich, und die Sonne vertrieb die Kälte und wärmte bereits beträchtlich. Ich lief mit meinem journalistischen Begleiter gegen 11.00 Uhr in Richtung Landesgrenze los, ein Fotograf auf dem Fahrrad begleitete uns. Südbrücke, Plittersdorf, Rheinhotel Dreeßen, Mehlem – immer weiter trabten wir in einem ruhigen Tempo rheinaufwärts, dann und wann wurde die Ruhe des Laufs durch gehechelte Antworten auf die Fragen meines Begleiters unterbrochen, und da hatte ich plötzlich den Drachenfels auf der linken Rheinseite stromaufwärts nicht mehr vor mir, sondern zum ersten Mal im Rücken. Mir wurde leicht klamm ums Herz, denn was hatte ich mittlerweile nicht alles über die berüchtigten Schwächeanfälle bei Ausdauerläufern gelesen, über den ominösen »Mann mit dem Hammer« und andere Grausamkeiten. Zudem waren mir Schwächeanfälle aus meiner aktiven Zeit im Radsport wohlbekannt, verursacht durch unzureichendes Training und Überforderung der eigenen Kräfte oder durch mangelnde Ernährung im Training oder während eines Rennens. Einmal, so überfiel mich eine siedendheiße Erinnerung, bekam ich beim Training mit dem Fahrrad fern der Heimat einen grausamen Hungerast, weil ich vergessen hatte, Verpflegung mitzunehmen, und so quälte ich mich mehr schleichend als fahrend über viele Kilometer nach Hause zurück.

All diese Jahrzehnte zurückliegenden Erfahrungen stiegen jetzt während der Annäherung an die Wendemarke aus dem Dunkel des Vergessens plötzlich wieder hoch, und mir wurde doch etwas bänglich zumute, auch wenn ich mir gegenüber meinem Begleiter nichts anmerken ließ, sondern ganz den coolen Max mimte. Mutete ich mir da wirklich nicht zuviel zu? Und es ging ja immer noch weiter den Fluß entlang, die letzten Häuser von Mehlem lagen jetzt hinter uns, und dann hatten wir die Landesgrenze erreicht, eindeutig erkennbar an einem amtlichen Schild, das uns kühnen Läufern verkündete: »Willkommen in Rheinland-Pfalz«.

Der Fotograf der Zeitschrift war vorausgeradelt und erwartete uns bereits, ein ganz kurzer, nicht einmal eine

Minute dauernder Stopp am Grenzschild für das übliche dokumentarische Foto wurde eingelegt, und dann ging es bereits auf den Rückweg. Während dieses Laufs lernte ich zum ersten Mal auch einen Pulsfrequenzmesser kennen, den mein Begleiter benutzte, erhielt zudem viele praktische Tips, die mir bis dato schlicht unbekannt waren, über Ernährung, Trainingsverhalten etc., und dann erzählte mir mein Begleiter noch über seine Erlebnisse bei den verschiedenen Marathonläufen, an denen er teilgenommen hatte, vor allem aber über den New York Marathon: »Es war alles halb so wild. Wenn du ab Kilometer 34 müde wirst, läufst du gerade durch die Südbronx, und da bleibt man besser nicht stehen!« Herrliche Perspektiven, ein Wadenkrampf in der Südbronx! Aber seit jenem karwöchlichen Vormittag am Rhein im Jahre 1997 läßt der New York Marathon meinen Kopf einfach nicht mehr los. Nebbich, denn es gibt wohl schlimmere fixe Ideen.

Und als wir dann nach etwa 2:30 Stunden wieder zu Hause im Regierungsviertel angekommen waren – die Beine waren gegen Ende etwas schwer geworden, der Kopf bekam auf dem Rückweg in der zweiten Hälfte der Strecke ein paar Probleme, als sich die Entfernung zu ziehen begann, aber ansonsten hatte ich die Distanz in hervorragender Verfassung und für meine Verhältnisse passabler Zeit hinter mich gebracht –, wurde mir von meinem Begleiter die zu erwartende Frage gestellt, die ich mir selbst bereits mehrmals auf dem Rückweg insgeheim gestellt hatte, nämlich ob ich denn in Zukunft beabsichtigen würde, selbst einmal einen Marathon zu laufen. »Warum eigentlich nicht?« lautete meine selbstbewußte Antwort, und damit hatte ich mir zugleich einen gewaltigen Floh in den Kopf gesetzt und mein nächstes und zugleich ambitioniertestes läuferisches Ziel lauthals und zu allem Überfluß noch vor einem journalistischen Zeugen verkündet. Damit war die ganze Sache öffentlich. Jawohl, Euer Ehren, es sollte tatsächlich ein Marathon sein, jener mythische Lauf eines athenischen Boten nach siegreicher Schlacht, von der wir alle mindestens einmal irgendwann im Laufe unserer Schulzeit gehört hatten. Ich hatte aber nicht die Absicht, am Ziel tot oder auch nur halbtot zusammenzubrechen, wie dies der antike Mythos über das traurige Schicksal des heroischen ersten Marathonläufers berichtet. Wer 22,5 Kilometer laufen kann, der schafft auch 42 Kilometer, sagte ich mir, allerdings nur nach einer peniblen Vorbereitung. Bei entsprechendem Trainingsfleiß und guter Beratung müßte ich das Abenteuer Marathon im nächsten Jahr eigentlich wagen können.

Gesagt war gesagt. Dies galt ganz besonders in diesem Fall, denn meine vorwitzige Absichtserklärung stand zwei Wochen später in dem besagten illustrierten Wochenblatt, es sei mein Plan, mich im kommenden Jahr an einem Marathonlauf zu versuchen. Eines schönen und nicht allzu fernen Tages erhielt ich daraufhin einen Brief, der Absender war ein gewisser *Herbert Steffny.* Richtig, dachte ich mir, das war doch in den achtziger und frühen neunziger Jahren einer der besten Marathonläufer Westdeutschlands gewesen. Und eben dieser Herbert Steffny, der mittlerweile eine Laufschule im Schwarzwald betrieb, bot mir, ausgerechnet mir, seine Unterstützung für die sachkundige Vorbereitung meines ersten Marathons an. Einen erfahreneren und besseren Berater und Trainer konnte ich mir eigentlich gar nicht wünschen, und so antwortete ich ihm umgehend, daß ich sein großherziges Angebot gerne annehmen und mich im Sommer nach meinem Urlaub gerne erneut bei ihm melden würde.

Doch bevor ich mich um die Realisierung meiner kessen Sprüche betr. Marathon kümmern konnte, hatte ich zuvor noch einige andere Probleme zu lösen. Seit meiner ganz persönlichen Urlaubskatastrophe war nunmehr fast ein ganzes Jahr verstrichen, und ich wollte zurück an den Ort des Geschehens, diesmal allerdings allein. Läuferisch hatte ich dabei einige heftige Nüsse zu knacken, denn erstens würde es mit Sicherheit im August in der Toskana sehr heiß werden, und zweitens waren die alten Ochsenwege über die Hügel der sienesischen Crete steil, lang und staubig. Erneut wurde mir ziemlich mulmig, denn ich war mir alles andere als sicher, daß ich diese Herausforderung bewältigen würde. Ich kannte bis dahin nur flache Laufstrecken, vorzüglich am Rhein in Bonn und an der Nidda in Frankfurt/M., einem Nebenfluß des Mains, der, vom Vogelsberg kommend, durch den Frankfurter Nordwesten und Westen fließt. Zudem lief ich jetzt in der heißen Jahreszeit verstärkt im Frankfurter Stadtwald, da dort im schattigen Grün die

Temperaturen wesentlich angenehmer waren. In den vor mir liegenden drei Urlaubswochen in der Toskana würde aber das gerade Gegenteil der Fall sein, und ich machte mir ernsthafte Gedanken, ob sich mein Trainingsrhythmus auch dort, angesichts der ganz anderen äußeren Umstände von Temperatur und Streckenprofil, tatsächlich durchhalten ließe.

Die Sorge sollte sich aber als völlig unbegründet erweisen. Die Hügellandschaft südlich von Siena, schon immer »Crete« genannt, liegt etwa 200 bis 300 Meter über dem Meeresspiegel und unterscheidet sich radikal von der ansonsten üblichen Landschaft der Toskana, die, jenseits der Flußtäler und der »Maremma«, der Küstenebene, sehr stark von einer bewaldeten Gebirgslandschaft geprägt ist. Die Hügel der Crete hingegen sind meist völlig kahl, einzelne Gehöfte oder Gutshöfe, »Fattorien«, zieren hier und da ihre Gipfel, und einzelne, verloren wirkende Bäume unterstreichen noch das Bizarre und Außergewöhnliche dieser Landschaft. Die Landschaft ist hügelig, durchschnitten von kleineren Flüssen, wie der Arbia, die von den Monte de Chianti im Nordosten herunterkommen, und zahlreichen Bächen, die in der heißen Jahreszeit jedoch kaum mehr als mühselige Rinnsale sind. In der Crete werden vor allem Getreide und Sonnenblumen angebaut, dann und wann sieht man einen Weiler oder einen Hof mit Garten und einem Olivenhain, ansonsten dominiert die Schafzucht. Berühmt ist deshalb auch der Schafskäse der Crete, ein wunderbarer Peccorino, der sowohl frisch und jung wie auch als »staggionato«, als gereifter Käse, hervorragend schmeckt.

Die Crete wird durch wenige geteerte Landstraßen und durch zahlreiche unbefestigte Wege, die »strade bianche«, durchzogen, die in der Hitze des Sommers vom Staub weiß-grau gefärbt sind, und auch wenn die Hügel der Crete nicht besonders hoch sind, so wurden vor allem die unbefestigten Wege doch ziemlich steil angelegt, ohne große Serpentinen, eben gerade so, wie früher die Ochsen die Karren über den Berg gezogen haben. Steigungen von 14–18 Prozent und über einen Kilometer Länge sind keine Seltenheit, und im August kann man in der Regel von Temperaturen zwischen 32 und 38 Grad Celsius auch noch um 5 Uhr nachmittags ausgehen. Freilich können die Sommer sehr unterschiedlich sein, d. h., kühle Sommer mit Regen dann und wann können durch richtige Backofenhitze in anderen Jahren abgelöst werden. Der Sommer 1997 sollte sich als eine durchwachsene Mischung aus beiden klimatischen Möglichkeiten erweisen.

Die Großgemeinde Asciano befindet sich im Herzen der Crete, und etwa zwölf Kilometer von Asciano entfernt, am nordöstlichen Rand ihrer Gemarkung, liegt der zu Asciano gehörende kleine Weiler Torre a Castello, in dessen Nähe ich mein Domizil hatte. Täglich lief ich nun so gegen 17 Uhr, wenn die Hitze nicht mehr ganz so drückend war, am Friedhof von Torre a Castello vorbei, Richtung Asciano über einen unbefestigten Weg, 5,5 Kilometer bis Monte Sante Marie und

Die Crete-Landschaft zwischen Torre a Castello und Asciano – rechts oben Monte Sante Marie

zurück, also 11 Kilometer. Die Strecke war hügelig, ein längerer und ein sich ziehender steiler Anstieg – meiner ganz persönlichen Kategorisierung nach Steigungen der »zweiten Kategorie« – waren zu bewältigen. Die Strecke ging dauernd bergauf und bergab, und diese zahlreichen kleineren Anstiege taten durchaus weh. Als besonders beschwerlich sollte sich ausgerechnet das Finale erweisen, denn am Friedhof von Torre a Castello ging es auf dem Rückweg noch einmal 200–300 Meter recht steil den letzten Anstieg hinauf, und zwar so, daß ich mich dort jeweils nochmals 150 Pulsschlägen näherte und mich somit deutlich in meinem obersten Leistungsbereich befand (ich hatte mir seit dem Frühsommer einen

Pulsmesser angeschafft und demnach so nach und nach einen genaueren Überblick über meine individuellen Leistungsbereiche).

Die ersten Tage in der Crete waren läuferisch hart, auch wenn ich sie äußerst vorsichtig anging, aber ich war überhaupt nicht auf das Laufen im hügeligen Gelände eingestellt. Ich bekam nach dem ersten Lauf etwas Muskelkater, da ich ganz offensichtlich die Beinmuskulatur anders belasten mußte, aber nach wenigen Tagen hatte ich mich auf das dauernde Auf und Ab eingestellt. Und erneut sollte mir die Erinnerung an das Erlernte aus den lange zurückliegenden Tagen meiner Zeit als Radrennfahrer helfen, denn ich versuchte am Berg »meinen Rhythmus« zu finden. Und siehe da, nach einigen Tagen »lief« es plötzlich. Ich versuchte die Steigungen, vor allem die längeren und die steilen, durchweg im selben Tempo, in ein und demselben Rhythmus zu laufen. Ich durfte also nicht zu schnell in die Steigung reingehen, was ich zu Beginn getan hatte, sondern mußte mein mittleres Tempo finden, das ich auch bis zum Schloß durchhalten konnte. Bergabwärts wechselte ich das Tempo und nutzte das Gefälle zur Erholung, bevor es dann an den nächsten Anstieg ging. Nach etwa vier Tagen hatte ich mein Tempo gefunden, die beständigen Rhythmuswechsel zwischen dem Auf und Ab der Strecke machten mir nur noch wenig aus, und so begann ich, trotz der Hitze und des Staubs, das Laufen in dieser wunderbaren Landschaft mehr und mehr zu genießen. Es ging wesentlich besser voran, als ich befürchtet hatte, und einen wirklichen Einbruch hat es nicht gegeben. Ganz im Gegenteil begann ich nach und nach das Tempo zu variieren. Bisweilen zwang mich eine Schafherde, die die Straße kreuzte, zu einer kurzen Pause, bellend heranpreschende Schäferhunde, die allerdings harmlos waren, rieten ebenfalls zur Vorsicht, aber ansonsten waren nur die über die Straße preschenden seltenen Autos wirklich störend, denn sie zogen eine gewaltige Staubwolke hinter sich her. Leider führte ich damals noch kein Trainingstagebuch und verfüge deshalb über keinerlei Aufzeichnungen über meine damals gelaufenen Zeiten, so daß ich keine Vergleiche zu den späteren Jahren ziehen kann.

Wie gesagt, die Entfernung zwischen Asciano und Torre a Castello betrug etwa 12 Kilometer, und sinnigerweise beginnt dieser Weg an einem Friedhof und endet an einem ebensolchen. Nun wußte ich, daß der zweite Teil der Strecke, nämlich von Monte Sante Marie bis zum Friedhof von Asciano, wesentlich steiler und demnach härter war als der erste Teil, den ich mittlerweile als meine Hausstrecke begriff und in- und auswendig kannte. Mich ließ nun der Gedanke nicht los, wenigstens einmal die ganze Strecke zu laufen, und zwar wollte ich mich von Freunden mit dem Auto nach Asciano bringen lassen und von dort aus nach Hause zurücklaufen. Freilich ging es auf diesem Teil der Strecke teilweise so steil aufwärts wie auf dem berühmt-berüchtigten Dach. Der längste Anstieg war 1,2 Kilometer lang und in weiten Teilen sehr steil, immer wieder gab es Abschnitte mit einem Anstieg von 16–18 Prozent, ja vielleicht sogar 20 Prozent. Da Torre a Castello höher liegt als Asciano, ist der Weg dorthin mühseliger und, wie ich mittlerweile weiß, auch etwa zwei bis drei Minuten langsamer als die Strecke nach Asciano, da längere Anstiege zu überwinden sind. Kurz und gut, drei Tage vor dem Ende meines Urlaubs ging ich das Wagnis ein und machte mich auf meine läuferische Friedhofstour durch die Crete.

Bereits am ersten Friedhof, dem von Asciano, ging es mit der ersten Steigung los, aber diese war noch maßvoll und nur zum Warmhecheln. Nach einer längeren Gefällstrecke kam dann allerdings der erste Hammer von Anstieg, extrem steil, so daß ich nur mit ganz kleinen Schritten und geringem Tempo den Berg hinaufkam. Dennoch kostete dieser Anstieg, der gar nicht einmal sehr lang war, enorm Kraft, und ich nahm mir vor, meine Kraft so einzuteilen, daß ich die Strecke auch wirklich durchstehen konnte. Solche Steigungen kannte ich bisher noch nicht! Weiter ging es, umgekehrten Kaskaden gleich – steiler Anstieg, leichtes Gefälle, erneuter steiler Anstieg –, immer weiter und höher hinauf. Die Gefällstrecken oder leichtere Steigungen versuchte ich zur Erholung zu nutzen, und dann folgte auch schon der nächste Hammer von Steigung. Und schließlich, nach einem langen Abstieg in das Tal eines Baches, der mich wieder auf die Höhe von Asciano hinabführte, erfolgte der härteste und längste Anstieg, 1,2 Kilometer lang, durch einen kurzen Abstieg unterbrochen und dann

Crete, 1997, ein Jahr danach ...

erneut steil hinauf nach Monte Sante Marie, insgesamt eine Entfernung von etwa zwei Kilometern.

Ich versuchte, zuerst meinen Rhythmus zu finden, was sehr schwierig war, denn an der ersten extremen Steigung war es vorbei mit jedem Rhythmus, aber so nach und nach stellte ich mich auch darauf ein. Es war heiß, die Beine schmerzten, und an den Steigungen erreichte ich maximale Pulszahlen. Nur nicht hochschauen, sondern immer schön den Blick auf der Straße lassen, sagte ich mir. Und bloß nicht allzuviel über die Strecke nachdenken! Und so lief ich und kämpfte mich schließlich auch nach Monte Sante Marie hoch. Irgendwann war ich dort oben angekommen, und plötzlich erschien mir der Rest der Strecke nach Hause als eine leichtere Übung.

All die Steigungen, die mich in den Tagen zuvor so gemartert hatten, waren plötzlich nur noch Kleinigkeiten für mich. Es gab allerdings eine Ausnahme, und die türmte sich ausgerechnet am Schloß auf, nämlich der letzte Anstieg zum Friedhof von Torre a Castello. Dieser Hügel war richtig gemein, hundsgemein sogar, denn nun, nach all den Strapazen, tat er ganz besonders weh. Aber schließlich hatte ich auch diese letzte Prüfung hinter mich gebracht, und nun ging es nur noch abwärts, nach Hause.

Dort angekommen, war ich mächtig stolz auf mich. Ich hatte es tatsächlich geschafft! Vor exakt einem Jahr war ich noch irgend etwas um die 110 Kilogramm schwer gewesen, und allein der Gedanke an einen solchen Lauf hätte mich damals umgebracht. Heute hatte ich 35 Kilogramm Lebendgewicht weniger und soeben die Strecke zwischen Asciano und Torre a Castello laufend in einer beachtlichen Zeit zurückgelegt. Die Steigungen, die Entfernung, die Hitze, der Staub – ich hatte mich durchgekämpft und war angekommen. Ich wußte jetzt auch, warum ich ausgerechnet in die Crete zurückgewollt hatte, denn nach diesem Lauf war mir klar, daß ich den einmal eingeschlagenen Weg nicht mehr verlassen würde. Jetzt konnte mein erster Marathon ganz praktisch angegangen werden.

VI
Mein erster Marathon

Ziemlich genau ein Jahr hatte ich gebraucht, um jenen radikalen körperlichen Umbau an und mit mir selbst zu bewerkstelligen, den ich mir aus schierer Verzweiflung damals vorgenommen hatte. Es war ein einsames, hartes und bisweilen ganz schön entsagungsvolles Jahr gewesen, aber zugleich hatte ich auch sehr viel wiedergewonnen, weitaus mehr, als ich mir noch vor Jahresfrist selbst in meinen kühnsten Träumen gedacht hätte. Aus dem barocken Dickbauch war ein asketisch wirkender Langläufer geworden, der Fettanteil meines Körpers war erheblich zurückgegangen, und ich fühlte mich rundum wohler und gesünder. Vorbei die Zeiten, da ich mich für dieses Leben körperlich bereits selbst aufgegeben hatte. Noch vor etwas mehr als einem Jahr hätte ich jeden höhnisch ausgelacht, der mir zum 50. Geburtstag eine läuferische Zukunft mit nur noch 75 Kilogramm Lebendgewicht vorausgesagt hätte. Ich hatte damals, in meinem alten Leben, ja bereits in jenem berüchtigten Brunnen gelegen, in den sprichwörtlich die Kinder hineinzufallen drohen, und nun – jawohl, ich war mächtig stolz auf mich selbst! – war ich erfolgreich und ganz allein wieder aus dem Loch herausgekrabbelt. Und das wichtigste daran war, daß ich mich vor allem selbst wiedergefunden hatte.

Merkwürdigerweise hatte dabei das Laufen eine sehr große, ja, zentrale und alles andere zunehmend überragende Bedeutung, und zwar nicht nur physisch, sondern vor allem auch im Kopf. Gewiß gab mir die wiederentdeckte eigene Körperlichkeit ein anderes Selbstwertgefühl und damit auch Selbstbewußtsein (wobei es mir daran eigentlich selbst in der schlimmsten Zeit niemals gemangelt hatte), aber weitaus entscheidender war und ist die meditative, psychologische Wirkung des Laufens im Kopf für mich. Das Erlebnis des eigenen Körpers in der monotonen Schrittfolge des Langlaufs, die Interaktion mit der Natur – Kälte, Regen, Hitze, Staub, Wind, Dunkelheit, Sonnenschein, der Fluß, der Wald, die Stadt und der Verkehr, all die unterschiedlichen Stimmungen, Farben, Lichter, Reflexe, Geräusche und Sinneseindrücke –, und dann die große Leere im Kopf, meist nach einer Quälphase, oder auch die Konzentration auf einen Gedanken, eine Idee, einen Text, der sich in der meditativen Monotonie fast von selbst verfertigt, alles verbindet sich durch den Lauf zu einer großen Harmonie des eigenen Ich. Und genau deswegen hasse ich es bis auf den heutigen Tag, wenn ich beim Laufen reden muß, denn dabei nimmt man mir das Wichtigste an meinem ureigenen Lauferlebnis, nämlich die Versenkung in mich selbst. Beim Laufen will ich vor allem mit mir selbst, allein unterwegs sein, ein Geist und Körper reinigender Egotrip gewissermaßen, wobei mich Mitläufer, ja, selbst ein größeres Feld von Läufern nicht stören, solange das Schweigen nicht gebrochen wird. Nachdem ich also ein ganzes Jahr im wahrsten Sinne des Wortes »abgelaufen« hatte, konnte und wollte ich auf diesen täglichen »Rhythmus der Schritte« einfach nicht mehr verzichten.

Ein ganzes Jahr hatte ich auch gebraucht, um langsam mein inneres Gleichgewicht wieder zurückzugewinnen und mich auf mein neues Leben einzustellen. Die völlig andere Ernährung und die eisern auch im Winter, bei Regen und in der Hitze durchgehaltenen wöchentlichen und täglichen Trainingseinheiten, all dies zusammengenommen hatte zu einer fundamentalen Veränderung meines gesamten Lebensrhythmus geführt. Das Laufen (und nicht mehr das Abnehmen oder die Suche nach einem anderen Lebensstil) stand jetzt völlig im Vordergrund und gab meinem neuen persönlichen Alltag eine klare Struktur und damit Richtung und auch Halt. Es war nach diesem Laufurlaub im Sommer 1997 in der Toskana gewesen, daß ich wußte: Ich hatte meinen neuen Lebensrhythmus gefunden. Genau so und nicht mehr anders wollte ich meinen Alltag gestalten, jetzt und für die weitere Zukunft. Ein Zurück, ein Rückfall gar in die alten Verhältnisse von »König Dickbauch« war ergo fortan ausgeschlossen, denn so weit kannte ich mich aus langjähriger Erfahrung selbst gut genug. Warum? Ganz einfach, weil ich so eben bin. Wenn mein Zug erst einmal unter Dampf steht und in eine neue Richtung fährt, dann hält er nicht mehr so schnell an und fährt schon gar nicht rückwärts. So war das immer bei mir gewesen, und *diese* tiefer liegenden Teile meiner Persönlichkeit waren ganz offensichtlich durch die große Veränderung nicht berührt worden.

Ich habe ja bereits weiter oben darauf hingewiesen, daß sich meine persönliche Verschlankung kaum vor meiner Umwelt und einer immer neugierigen Öffentlichkeit verbergen ließ. Entsprechend intensiv gestaltete sich die öffentliche Anteilnahme daran. Und dabei fiel mir jetzt, ebenfalls nach einem Jahr, ein merkwürdiges, öffentlich geäußertes Reaktionsmuster auf, das sich immer wieder fast stereotyp in den zahllosen Fragen und Gesprächen wiederholte und dabei zeitlich in drei klar voneinander abzugrenzende Abschnitte unterteilt war. Zuerst wurde mir allenthalben mitgeteilt, ja, das wäre ein mutiger Vorsatz von mir, mich auf 80 Kilogramm runterbringen zu wollen, aber gut, man sähe dem mit Spannung und natürlich einer gewissen Skepsis entgegen. Klar spürbar war die Botschaft allenthalben: »Junge, das hältst du niemals durch!« Nachdem ich sogar die 75 Kilogramm erreicht hatte, änderte sich die Botschaft. Ja, ja, die Leistung wäre phänomenal, Respekt! Respekt! Aber man müsse weiter abwarten, denn sicher hätte ich schon von jenem Jojo-Effekt gehört und wie schnell man dadurch doch wieder zunehmen könne. Oder? Und deshalb war man der Meinung, das neue Gewicht könne ich kaum halten, das gehe so sicher wieder aufwärts, wie das Amen in der Kirche komme. Abzunehmen sei sehr schwer, dünn zu bleiben noch viel mehr!

Auch diese, von einer leicht hämischen Erwartung getragene These sollte sich als ein Irrtum erweisen. Und nun, nach einem Jahr, als selbst die mißgünstigsten Beobachter sich eingestehen mußten, daß der Kerl sein neues Programm tatsächlich durchhalten würde, änderte sich die Botschaft erneut, und diesmal wurde es richtig finster: »Mein Gott, der Arme, sieht der schlecht aus!« »Nun reicht es aber, wir müssen uns ja ernsthafte Sorgen um Sie machen!« »Nein, das kann ja nicht normal sein, da muß was anderes dahinterstecken.« »Sind Sie krank, Herr Fischer?« Krebs, Aids, Pest, Cholera – und wer weiß was sonst nicht noch alles – wurde mir plötzlich angehängt. Nun kann man nicht 35 Kilogramm Körperfett innerhalb eines Jahres abbauen und dabei noch – mit knapp fünfzig Jahren – wie das rosigste Leben aussehen. Selbstverständlich wirkte ich grau, faltig und abgehärmt. Und meine Laune war, bedingt durch die Anstrengungen und Entsagungen, ebenfalls nicht immer von frühlingsduftender Heiterkeit. Aber darum ging es in Wirklichkeit überhaupt nicht. Hinter der auch öffentlich immer wieder auftauchenden These von einer schweren Krankheit – in Wirklichkeit war ich so gesund und fit wie seit Jahrzehnten nicht mehr – stand etwas völlig anderes, denn an die Stelle jenes öffentlichen Amüsements, das sich aus der teilnehmend beobachtenden Erwartung ergab, wann denn nun der große Rückfall käme, wurde jetzt eine stille Bedrohung für all die zurückgelassenen Rollmöpse. Der sich abzeichnende Erfolg fing an, bedrohlich zu werden. Hinter der Krankheitsthese steckte vor allem jede Menge Abwehr und kaum ernsthafte Sorge, denn wenn eine solche radikale körperliche Veränderung funktioniert und tatsächlich auch unter den Bedingungen eines stressigen Politikeralltags mit 50 Jahren noch machbar ist, ja, dann macht das plötzlich vielen Leuten ein ernsthaftes Problem. Warum denn dann nicht auch du …?

Was soll's, sagte ich mir, die werden sich auch wieder einkriegen. Mach einfach schnurgerade weiter. Und wie gesagt, ich hatte ja meinen neuen Rhythmus gefunden: Die Frage des Abnehmens trat fortan mehr und mehr in den Hintergrund, denn mein Körpergewicht wollte ich jetzt nur noch stabil halten und nicht mehr weiter absenken. Das Laufen war zur neuen Leidenschaft geworden. Ich entwickelte einen Trainingsfleiß wie selbst in der Jugend nicht, und es machte und macht mir darüber hinaus zu allem Überfluß auch noch großen Spaß. Ein Ende ist bis dato nicht absehbar: Morgens nach dem Aufstehen Frühsport für Arme, Bauch und Rücken, ansonsten nachmittags, abends oder gar nachts fünf- bis sechsmal die Woche mindestens 10 Kilometer Laufen, am Sonntag meistens länger. Die Ernährung hatte sich ebenfalls auf ein neues und zugleich bis heute beständiges Muster eingependelt: Müslifrühstück, Orangen- oder Grapefruitsaft, Kaffee; tagsüber Obst und Bananen und je nach Jahreszeit frisch gepreßten Orangensaft, viel Wasser; abends Salat, Pasta vegetarisch, ein- bis zweimal die Woche Fisch, Mineralwasser, Espresso. Aber weiterhin galt und gilt: *No meat! No sweets! No alcohol!*

Mein bisheriges Leben war also vorbei, perdu, und meine gewichtige und beleibte Vergangenheit lag abgeschlossen hinter mir. Mit der Rückkehr aus der Toskana bestand darüber jetzt zweifelsfreie Klarheit. Nach dem Urlaub kam dann auch Herbert Steffny nach Frankfurt/M., und wir besprachen sehr konkret die Pläne für meinen ersten Marathon.

In diesem Herbst sollte allerdings bezüglich meines ersten Marathonlaufs nichts mehr gehen, denn die Vorbereitungzeit dazu wäre viel zu kurz gewesen. Im nächsten Jahr wurde ich andererseits durch den politischen Kalender der Bundespolitik sehr eingeengt, denn faktisch würde das ganze Jahr 1998 über eine Wahl nach der anderen stattfinden, bis in den Herbst hinein mit dem Höhepunkt der Bundestagswahl. Mir war klar, daß ich 1998 für meine Partei einen ganz anderen Marathon, nämlich einen Wahlkampfmarathon, zu absolvieren hatte, und folglich würde das Jahr 1998 für meinen ersten Wettkampf über die berühmt-berüchtigten 42 Kilometer entweder ganz ausfallen, oder ich mußte eben das einzige mir mögliche Zeitfenster im Frühjahr nutzen. Nach Lage der Dinge kam also nur der Stadtmarathon in Hamburg in Frage, eine Woche nach meinem 50. Geburtstag, und genau darauf wollte ich mich nun vorbereiten. Natürlich wäre ich lieber in meiner Heimatstadt Frankfurt/M. gelaufen, aber der Termin war entweder zu früh, weil noch im Spätherbst 1997, oder dann zu spät, im November 1998. Der Wahlkampf würde aber eine systematische Vorbereitung nicht zulassen, und deshalb schied Frankfurt/M. leider aus. Berlin paßte ebenfalls überhaupt nicht, weil dieser Termin vierzehn Tage vor der Bundestagswahl lag, was viel zu riskant war. Man stelle sich nur ein immerhin nicht auszuschließendes läuferisches Desaster wenige Tage vor der Wahl vor. Dies wäre politisch ein nicht zu verantwortender Alptraum geworden! Also weg damit und nicht einmal mehr daran denken. Blieb also lediglich Hamburg im Frühjahr, am 19. April, als einzig machbare Möglichkeit.

Ernährung, Atmungs- und Lauftechnik, Trainingsaufbau, Gesundheit – ich diskutierte alle anstehenden Fragen intensiv mit meinem neuen Trainer, er verbesserte hier, korrigierte da, und so nach und nach bekam das *Marathontraining* Hand und Fuß. Herbert Steffny überzeugte mich zudem von zwei weiteren Dingen, nämlich daß ich erstens ein genaues Trainingstagebuch führen und daß ich mich zweitens einem gründlichen Gesundheitscheck bei Professor Keul am Sportwissenschaftlichen Institut der Universität Freiburg unterziehen sollte. Letzteres geschah dann in der zweiten Oktoberhälfte – Untersuchung des kardiomuskulären Systems, Belastungs-EKG, Laktattest, Blut- und andere Laborwerte, Orthopädie –, und das Ergebnis war, daß ich mich als kerngesund und für mein Alter topfit bezeichnen konnte. Von wegen krank und hinfällig! Das

17. November 1997

Herz-Kreislauf-System war intakt, und folglich mußten die Herzstiche in meinem früheren Leben entweder
muskuläre Schmerzen gewesen sein oder schlicht ein
Ausdruck von Angst um meinen damaligen Gesundheitszustand. Wie auch immer, die ärztliche Diagnose
war positiv, und folglich stand auch von der medizinischen Seite meinem ersten Marathon nichts mehr im
Wege.

Der erste Eintrag in mein neues Trainingstagebuch findet sich unter dem 27. Oktober 1997, einem Montag:
»Regenerationslauf, 10 km, 1:02 Std., kalt.« Am nächsten Tag nochmals ein Regenerationslauf über 12 km in
1:13 Std., am Mittwoch ein Tempolauf über 10 km in
0:55 Std., am Donnerstag ein Dauerlauf über 10 km in
0:57 Std., am Freitag wieder ein Regenerationslauf über
10 km in 1:02 Std., am Samstag Fußball und am Sonntag
ein langer Dauerlauf über 24 km in 2:05 Std. Die Witterung war all die Tage über kalt, wie das Trainingsbuch
vermerkt, gleichwohl aber trocken. Das erste eingetragene Wochenpensum vom 27. Oktober bis zum 2. November 1997 betrug 76 Trainingskilometer, in den dann
noch vier folgenden Wochen waren es 56 km, 94 km,
78 km und 72 km. Am 1. und 2. Dezember, so mein
Tagebuch, lag ich dann mit einer Grippe krank darnieder, um am 3. Dezember bei Dunkelheit, Schnee und
2° Celsius 13 km in 1:21 Std. zu laufen.

Ich kann das Führen eines solchen Trainingstagebuchs
aus sportlichen Gründen und zur Erinnerung nur nachdrücklich empfehlen. Wegen der Niederschrift des vor-

liegenden Buches habe ich die alte Kladde von Trainingsbuch wieder aus der Schublade herausgekramt, und siehe da, es machte richtiggehend Spaß, sich an die vergangenen Läufe mit ihren Mühen, Martern und Eindrücken zu erinnern. Nichts ist so süß wie die Erinnerung an vergangene Heldentaten, zumal all die Plage, der Schmerz und der vergossene Schweiß schon längst in der Erinnerung verblichen sind oder schlicht idealisiert werden.

Einige weitere Kostproben aus meinem Trainingstagebuch: Am 15. Dezember 1997 lief ich nachts im Schneetreiben durch den Wiener Prater, am 16. Dezember in Bern, am 17. Dezember in Zürich im Schnee bergauf, und am 18. und 19. Dezember in Paris, vom Hôtel de Ville das linke Seineufer hinab, am Invalidendom und am Eiffelturm vorbei, zurück dann auf der anderen Seineseite über den Trocadéro, die Tuilerien und schließlich am Louvre vorbei. Weihnachten wurde durchgelaufen, in Frankfurt/M., am 30. Dezember, bretterte ich noch meine persönliche Bestzeit über 10 km in 0:53 Std. vor Ablauf des alten Jahres auf die Piste, und das Jahr 1998 wurde am Neujahrstag mit einem Lauf über 16 km an der Nidda in 1:28 Std. eröffnet. Am Sonntag, dem 1. Februar 1998, ist in meinem Tagebuch ein langer Dauerlauf über 25 km in 2:14 Std. vermerkt: »Eiskalter Wind, hart, −2° Celsius.« In der Tat erinnere ich mich noch sehr gut an diesen Lauf, denn der gleichermaßen eisige wie starke Wind hatte mir auf dem Rückweg die Gesichtsmuskulatur einfrieren lassen, so daß ich unmittelbar nach dem Lauf mit dem Sprechen erhebliche Schwierigkeiten hatte. Und ab der ersten Februarwoche 1998 sind dann die ersten Intervalläufe verzeichnet, die bereits auf einen detailliert ausgearbeiteten Trainingsplan von Herbert Steffny zurückgehen: »3. 2. 1998: Gewicht 74,2 kg, Intervall 4 x 1000 m, insgesamt 10 km, 0:58, –1° C, Nacht.« Es muß wohl unten am Rheinufer Richtung Plittersdorf und zurück gewesen sein.

Seit dem Oktober 1997 lief ich also täglich nach und im Plan, den mir Herbert Steffny freundlicherweise mit all seiner Marathonerfahrung sorgfältig ausgearbeitet hatte. Zuerst war es nur ein vierzehntägiger provisorischer Plan gewesen, der sich in folgendem Rhythmus gestaltete: *1. Woche – Montag/Dienstag 60 Min. ganz langsamer Regenerationslauf; Mittwoch flotter Dauerlauf über 6–8 km zuzüglich Ein- und Auslaufen 10 km; Donnerstag Dauerlauf über 10 km; Freitag Regenerationslauf; Samstag Fußball; Sonntag langsamer Dauerlauf über ca. 20 km. 2. Woche – Montag und Dienstag Regenerationslauf 60 Min.; Mittwoch Fahrtspiel 10 km (lockere Tempowechsel, Steigerungen, Koordination); Donnerstag 10 km Dauerlauf; Freitag Regenerationslauf; Samstag Fußball; Sonntag langsamer Dauerlauf über ca. 20 km.* Nach dem Jahreswechsel wurde es dann definitiv ernst, denn das Zwischenziel vor dem Hamburg-Marathon war ein Halbmarathon am Sonntag, dem 1. März 1998, in meiner Heimatstadt Frankfurt/M. draußen am Waldstadion. Fortan lag ein ausgearbeiteter »Rahmentrainingsplan« für die Zeit bis zum 19. April 1998 vor, dem

Tag des Marathons in der Hansestadt an der Elbe, den ich fortan Tag für Tag präzise abarbeitete. Der Trainingsplan umfaßte exakt 12 Wochen.

Das Wochenende vom 17./18. Januar verbrachte ich bei herrlichem Wetter mit starkem Wind und kalter Luft auf der ostfriesischen Insel Spiekeroog, wo ich den Strand der Insel fast völlig für mich allein hatte. Mein Trainingstagebuch vermerkt unter dem Samstag: »Spiekeroog, schönster Lauf, Meer, Einsamkeit, Wind, Sand, sehr hart. 10° C, 14 km, 1:30 Std.« Und in der Tat: So schön die Insel, die tosende Nordsee und die Dünen auch immer waren, nahezu die Hälfte der Strecke hatte ich auf Sand gegen einen sehr steifen Wind anzulaufen, der mich fast nicht von der Stelle kommen ließ und mir regelrecht die Kraft aus den Beinen zu saugen drohte. Dennoch wird mir dieser Lauf als ein wunderbares Naturerlebnis in Erinnerung bleiben.

Am Sonntag, dem 15. Februar 1998, lief ich gemeinsam mit Herbert Steffny in Frankfurt/M. mit 27 km meine bis dato längste Strecke überhaupt (15° C, 27 km, 2:28 Std.), die ich wohl gut überstanden habe, denn an diesem Tag wird nichts Besonderes vermerkt. Mein Gewicht bewegte sich mittlerweile zwischen 73 und 75 Kilogramm. Am 1. März nahm ich an meinem ersten Wettkampf teil. Es war ein kalter, klarer Sonntagmorgen, der Himmel war stahlblau über dem Frankfurter Stadtwald, als morgens um 10 Uhr der Lauf begann. Die Zeitmessung erfolgte elektronisch per Chip. Ich lief mich gemeinsam mit dem Gros der Läufer einige Zeit warm,

Rahmentrainingsplan für Joschka Fischer Hamburg Marathon 19.4.1998

(DL = Dauerlauf / ➤➤ = Tempodauerlauf / ○ = kurzIntervalltraining / * = langer Dauerlauf)

1. Woche 26.1.–1.2.1998 (64km)

	Inhalt	Puls	Zeit/km	Kommentar
Mo	-			
Di	DL 60min	120	5:30	
Mi	DL 60min	120	5:30	
Do	➤➤ flotter DL (6km 4:45)	bis 140	6:00-4:45	insges. ca.11km, darin 6km in 4:50
Fr	Jogging 40min	110-115	6:00	
Sa	Fußball			
So	* lgDL 25km	115	5:30-6:00	wirklich ruhig!

2. Woche 2.–8.2.1998 (65km)

	Inhalt	Puls	Zeit/km	Kommentar
Mo	-			
Di	○ 3x1000m 4:20	um 145	6:00-4:20	Stadion,Pause 400mTrab, Ein-Auslaufen
Mi	Jogging 40min	110-120	5:30-6:00	
Do	easy DL 90min	120	5:30	
Fr	➤➤ flotter DL (7km 5:00)	bis 135	6:00-5:00	nach Einlaufen 7km flott, dann auslaufen
Sa	Fußball			
So	* lgDL 20km	115	5:30-6:00	wirklich ruhig!

3. Woche 9.-15.2.1998 (69km)

	Inhalt	Puls	Zeit/km	Kommentar
Mo	-			
Di	○ 1-2-3-2-1k 4:45	bis 140	6:00-4:45	Stadion? Zwischenzeit, Trabpause ½ Zeit
Mi	Jogging 40min	110-120	5:30-6:00	
Do	DL 60min	110-120	5:30-6:00	
Fr	➤➤ flotter DL 7km 5:00	bis 135	6:00-5:00	nach Einlaufen 7km flott und auslaufen
Sa	Fußball			
So	✳ lgDL 27km	110-120	5:30-6:00	wirklich ruhig!

4. Woche 16.-22.2.1998 (64km)

	Inhalt	Puls	Zeit/km	Kommentar
Mo	-			
Di	○ 5x1000m 4:20	>145	6:00-4:20	Stadion, 400m Trabpause 6:00
Mi	Jogging 40min	110-120	5:30-6:00	nicht schneller!
Do	DL 70min	120	5:30	
Fr	➤➤ flotter DL (8km 5:00)	bis 135	6:00-5:15	nach Einlaufen 8km flott, dann auslaufen
Sa	Fußball			
So	✳ lgDL 22km	115	5:30-6:00	wirklich ruhig!

5. Woche 23.2.-1.3.1998 (57km)

	Inhalt	Puls	Zeit/km	Kommentar
Mo	-			
Di	○ 4x2000m 9:30	bis 140	6:00-4:45	5min Geh-/Trabpause in 6:00
Mi	Jogging 60min	110-120	5:30-6:00	
Do	-			
Fr	Jogging 40min	110-120	5:30-6:00	
Sa	kein Fußball!			
So	➜ * ½ Marathon Ziel 1:40	ca.140	4:45	stur nach Zwischenzeiten bis 10km!

6. Woche 2.-8.3.1998 (58km)

	Inhalt	Puls	Zeit/km	Kommentar
Mo	-			
Di	Jogging 60min	110-120	5:30-6:00	wirklich ruhig wegen Erholung!
Mi	-			
Do	DL 70min	120	5:30	
Fr	Jogging 40min	110-120	5:30-6:00	
Sa	Fußball			
So	* lgDL 27km	115	5:30-6:00	wirklich ruhig!

7. Woche 9.-15.3.1998 (67km)

Inhalt	Puls	Zeit/km	Kommentar
Mo	-			
Di	○ 5x1000m 4:20	>145	6:00-4:20	Stadion, Trabpause 400m in 6:00
Mi	DL 70min	120	5:30	
Do	-			
Fr	➡ flotter DL (8km 5:15)	115-130	6:00-5:15	nach Einlaufen 8km flott, dann auslaufen
Sa	Fußball (sanft!)			
So	lgDL 30km	115	5:30-6:00	wirklich ruhig (eventuell mit H.St.?)

8. Woche 16.-22.3.1998 (68km)

Inhalt	Puls	Zeit/km	Kommentar
Mo	-			
Di	○ leicht. Fahrtspiel 60min	110-120	5:30-6:00	nur kürzere flotte Abschnitte!
Mi		110-140	6:00-4:20	
Do	DL 60min	120	5:30	
Fr	➡ flotter DL (10km 5:15)	115-130	6:00-5:15	2kmEinlaufen,10km flott und auslaufen
Sa	Fußball			
So	✱ lgDL 23km	115	5:30-6:00	wirklich ruhig!

9. Woche 23.-29.3.1998 (75km)

	Inhalt	Puls	Zeit/km	Kommentar
Mo	-			
Di	○ 3x1000m 4:20	>145	6:00-4:20	Stadion wie gehabt
Mi	Jogging 40min	110-120	5:30-6:00	
Do	➤ Mar: 3x3000m 14:30min	135-140	6:00-4:50	nicht schneller, 7min Geh-/Trabpause
Fr	DL 60min	120	5:30	
Sa	Fußball (zahm!)			
So	➤ lgDL 32km	115	5:30-6:00	wirklich ruhig!

10. Woche 30.3.-5.4.1998 (70km)

	Inhalt	Puls	Zeit/km	Kommentar
Mo	-			
Di	Jogging 40min	110-120	5:30-6:00	
Mi	DL 60min	120	5:30	
Do	➤ flotter DL (12km 5:15)	115-130	6:00-5:15	2km Einlaufen 12km flott und auslaufen
Fr	Jogging 40min	110-120	5:30-6:00	
Sa	Fußball (zahm!)			
So	➤ * lgDL 30km Crescendo!	110-140	6:00-4:50	5k(5:50)15k(5:30)5k(5:10)3k(4:50)2k(6)

11. Woche 6.-12.4.1998 (50km)

	Inhalt	Puls	Zeit/km	Kommentar
Mo	-			
Di	Jogging 40min	110-120	5:30-6:00	
Mi	-			
Do	➡ *Mar.: 3x5000m 25:00min*	135	6:00-5:00	Letzter Test! Wichtig: nicht überziehen!
Fr	-			
Sa	(Fußball, ganz vorsichtig!)			
So	✱ *lgDL 23km*	115	5:30-6:00	wirklich ruhig! (Herzl. Glückwunsch zum 50.Geburtstag !)

12. Woche 13.-19.4.1998 (77km - inkl. Marathon)

	Inhalt	Puls	Zeit/km	Kommentar
Mo	-			
Di	DL 60min	120	5:30	
Mi	◯ *3x1000m 5:00*	135	6:00-5:00	nur noch mal easy Marathontempo üben!
Do	Jogging 40min	110-120	5:30-6:00	
Fr	Anreise Hamburg			
Sa	Jogging 30min	110	6:00	
So	➡✱ *Hamburg Marathon*	ca. 135?	5:00?	Gleichmäßig von Beginn an! (mit H.St?) Je nach Wetter möglich: *3:30 Std.*

beobachtete dabei die Laufcracks aus Kenia, die später dann sowohl bei den Männern als auch bei den Frauen das Rennen unter sich ausmachen sollten, und dann erlebte ich zum ersten Mal die große Nervosität vor dem Start.

Der Beginn war sehr verwirrend für mich, denn alles rannte sofort furchtbar schnell los, und ehe ich mich versah, machte auch ich mächtig Tempo. Ich war viel zu schnell, wie ich bereits nach einigen hundert Metern an der Atmung spürte und dann auch am Pulsmesser sah. Die Koordination zwischen dem Laufen in der Hektik des Feldes und der eigenen Zeitkontrolle wollte also auch geübt sein. Ich reduzierte nach und nach meine Laufgeschwindigkeit und suchte mir eine Gruppe von Läufern, die mein Tempo liefen und an die ich mich hängen und von denen ich mich ziehen lassen konnte. Herbert Steffny hatte mir ein Ziel von ca. 1:40 Std. empfohlen, was einer Kilometerzeit von 4:45 Min. entsprach. Bis Kilometer 10 sollte ich stur nach Zwischenzeiten laufen, danach so schnell ich eben konnte und wollte.

Das war für einen Anfänger wie mich leichter gesagt als getan, denn die anfängliche Verwirrung und das allgemeine Loshetzen waren ansteckend für einen ungeübten Läufer wie mich. Nach wenigen Kilometern hatte ich mir also einen Vordermann ausgeguckt, der stur mein Tempo lief, und fortan wich ich nicht mehr von dessen Fersen. Ich hatte mich nach der Zehn-Kilometer-Marke richtig schön eingelaufen – es lief »rund«, wie man so schön sagt –, mein Vordermann leistete hervorragende Führungsarbeit bei einem gleichbleibend hohen Tempo, aber ich spürte, bei mir war noch etwas mehr drin. Drei Kilometer vor dem Ziel machte ich mich also allein auf den Weg und beendete meinen ersten Halbmarathon mit 1:37:33 Std. Mit dieser Zeit konnte ich durchaus zufrieden sein. Zudem, in welcher Verfassung hatte ich mich noch vor zwei Jahren befunden, im März 1996? Damals war wohl meine körperlich schlimmste Zeit gewesen, und ich hatte deutlich über 110 kg gewogen. Es geht also, sagte ich zu mir selbst. Und es geht sogar sehr gut – wenn man es will.

Am 15. März brachte ich meinen ersten Lauf über 30 km in 2:51 Std. hinter mich, besondere Vorkommnisse wurden nicht vermerkt. Die gab es dafür zwei Wochen später um so reichlicher. Der 29. März war ein Sonntag, und es sollte der erste richtig schöne Frühlingstag in diesem Jahr werden. An diesem Tag standen die 32 km auf meinem Plan, die längste Strecke, die ich im Training zu bewältigen haben würde. Es war richtig warm geworden, in der Sonne sogar heiß, als ich am frühen Nachmittag loslief. Ich nahm, wie bei allen langen Läufen übrigens, eine Flasche Wasser mit, um unterwegs den Flüssigkeitsverlust auszugleichen, da mein Körper nach ca. 20 km ohne Flüssigkeitsaufnahme doch negativ zu reagieren begann.

Zu Beginn ließ sich der Lauf wunderbar locker an, und ehe ich mich versah, war ich bereits nach drei Kilometern viel zu schnell. Aber es lief sich so leicht und locker, und so ging ich nicht mit dem Tempo runter, was sich als schwerer Fehler erweisen sollte. »Brutaler Einbruch nach 25 km, zu schnell begonnen, Hitze!« vermerkt mein Tagebuch. Und viel zu wenig getrunken! muß ich noch hinzufügen. Tempo, Temperaturwechsel und Flüssigkeitsverlust waren die Ursachen für nun auch meine Begegnung mit dem »Mann mit dem Hammer«. Nach 25 km raste mein Puls, ich reduzierte mein Lauftempo fast in den Kriechgang, aber ich bekam meinen Puls einfach nicht mehr unter die 130 Schläge pro Minute, und das ist bei mir der Beginn des oberen Bereichs. In den Ohren hatte ich plötzlich einen unguten Druck, ein Gefühl wie bei einem starken Schnupfen, sie waren zu, und die Beine gingen nur noch schwer voran. Mir machte eigentlich mehr die Reaktion meines Körpers Sorgen als die Kraft in den Beinen, denn das Laufen war zwar mühselig, aber von der Kraft her ging es immer noch voran.

Ich hatte zwar regelmäßig getrunken, und mein halber Liter Wasser war fast verbraucht, aber die Menge sollte sich an diesem warmen Frühlingstag als viel zu gering erweisen. Ich schleppte mich also weiter bis zur Wendemarke nach 16 km. Aufhören oder unterbrechen wollte ich nicht, denn es war noch genügend Kraft in den Beinen, nur der Puls und die merkwürdige Reaktion im Gehörgang machten mir Sorgen. Der Wasserhahn einer öffentlichen Toilette war auf dem Rückweg ein weiterer Rettungsanker, und nach 3:12:52 Std. war ich – völlig platt! – wieder zu Hause. Dieser Lauf sollte mir allerdings eine nachhaltige Lehre sein, denn ich hatte mich schlicht überschätzt und die Distanz, die Hitze und die Anstrengung unterschätzt. Das durfte mir in Hamburg auf keinen Fall passieren.

An den beiden Sonntagen vor Hamburg hatte ich noch zwei lange Dauerläufe über 30 km und 20 km zu bewältigen, über die es nichts weiter zu berichten gibt. Am Montag, dem 6. April, war ich auf Wahlkampfreise in Halle und lief dort 10 km mit dem zweimaligen Marathon-Olympiasieger von Montreal und Moskau, Waldemar Cierpinski, und vielen anderen Läufern. Ich fragte den Meister, was denn seiner Meinung nach das wichtigste sei bei einem Marathon, und Waldemar Cierpinski sagte darauf nur ein Wort: »Disziplin!« Die meisten gingen einen Marathon viel zu schnell an, und dies gälte nicht nur für Freizeitmarathonis, sondern diesen Fehler finde man gerade auch in der Weltelite. Am Anfang, wenn die Stimmung an der Strecke und im Feld glänzend sei, oder auch während des Rennens, wenn das Publikum die Läufer anfeuere, würden sich viele mitreißen lassen und sich überschätzen. Dafür büße man später ganz furchtbar, denn ein Marathon begänne in der Regel ab Kilometer 34–36 erst richtig. Dort fielen die Entscheidungen, und dies gälte übrigens auch für die Freizeitläufer, denn ab dieser Hürde, wenn die Glykogenreserven des Körpers aufgebraucht seien, wären dann die meisten Einbrüche zu verzeichnen.

O ja, ich konnte Waldemar Cierpinski aufgrund der selbst gemachten Erfahrungen während meines desaströsen Laufs über 32 km nur zustimmen. *Disziplin im Training und Disziplin im Wettkampf*, zu der einen Maxime hatte ich ganz von selbst gefunden, und auch die andere würde ich in Zukunft – vor allem aber während der vor mir liegenden 42,195 km in Hamburg – genauestens befolgen. Am Sonntag, dem 12. April 1998, wurde ich 50 Jahre alt, begoß mein halbes Jahrhundert mit reichlich Mineralwasser der edelsten Lagen und wunderbarsten Jahrgänge, die die deutsche und europäische Mineralwasserindustrie hervorzubringen vermochte, und lief zudem brav meinen letzten langen Dauerlauf über 20 km, wie es der Trainingsplan befahl. Eine Woche lag jetzt noch zwischen mir und dem Abenteuer Marathon, und so langsam wurde mir doch etwas mulmig zumute: »Auf was hast du dich da nur eingelassen, Fischer?« fragte ich mich zunehmend selbst. Würde ich die Strecke durchstehen, und wenn ja, wie? Immer wieder ging mir das Bild von dem früheren amerikanischen Präsidenten Jimmy Carter durch den Kopf – wie er nach einem Langlauf (ich meine aber, daß es kein Marathon gewesen war, was die Sache in meinem inneren Monolog allerdings nur noch schlimmer machte), von zwei Leibwächtern gestützt, völlig fertig über die Ziellinie geschleppt wurde. Andere Qualszenen von ins Ziel kriechenden oder völlig ausgelaugten und zusammenbrechenden Marathonläufern, die ich im Fernsehen gesehen hatte, ließen mich ebenfalls nicht mehr los. Und dann immer wieder all die vielen gruseligen Geschichten vom schon erwähnten »Mann mit dem Hammer«, die man

Mit dem Marathon-Olympiasieger Waldemar Cierpinski in Halle,
April 1998

allenthalben in Läuferkreisen zu hören und in Fachpublikationen zu lesen bekam. »Auweia«, dachte ich mir, »wenn das bloß gutgeht.«

Es werde ganz sicher gutgehen, sagte dann die andere Stimme in mir. »Bleib locker, Alter, du hast dich doch optimal vorbereitet. Du weißt doch ganz genau, wie hart und wie sorgfältig du trainiert hast. Keine Sorge also, das wird schon schiefgehen!« Ich fühlte mich topfit, läuferisch stark, hochmotiviert und der Herausforderung gewachsen. Ohne Verletzungspech und bei einer solch hervorragenden Vorbereitung durch Herbert Steffny konnte eigentlich nichts Schlimmes passieren. Es war mehr die Bänglichkeit vor der unbekannten Herausforderung als echte Angst. Es blieb noch eine weitere Frage zu klären, nämlich ein Mindestmaß an Schutz während des Wettkampfs vor der verständlichen Zudringlichkeit anderer Läufer. Viele würden mich begrüßen, mit mir laufen und vor allem mit mir reden wollen, und gerade das letztere war und ist mir ein veritabler Greuel. Herbert Steffny hatte sowieso die Absicht, mich während des ganzen Laufes zu begleiten, und er wollte zudem noch zwei weitere marathonerfahrene Freunde aus Freiburg mitbringen, das müßte eigentlich reichen.

Am Montag lief ich nochmals 10 km im Dauerlauftempo (0:58:51 Std.), Dienstag Pause, Mittwoch 3 x 1000 m Tempo bei insgesamt 10 km in 0:58:53 Std., Donnerstag Pause, und Freitag und Samstag waren nur noch ganz lockere Läufchen über eine halbe Stunde angesagt. Der Marathon in Hamburg gilt in Läuferkreisen (zu Recht,

wie ich erleben durfte!) als einer der schönsten Früh-
jahrswettkämpfe in Deutschland. Er habe nur eine Tük-
ke, so Herbert Steffny, nämlich das Wetter. Der Hanse-
marathon läge in der zweiten Aprilhäfte, und so sei es
schon häufiger vorgekommen, daß just dann der jahreszeitlich bedingte Witterungsumschwung von kalt nach
warm käme. Das könne den Läufern Probleme bereiten,
denn sie hätten meist ihre gesamte Vorbereitung unter
kühlen bis kalten Temperaturen absolviert. Oje, seufzte
ich still in mich hinein und dachte dabei an meine furcht-
baren 32 km.

All die Tage war es in diesem April noch kalt gewesen
(am Mittwoch vermerkt mein Trainingstagebuch 9° C),
am Freitag fuhr ich nach Hamburg, Freitag und Samstag
erwies sich das Wetter als noch wechselhaft und dem
April voll angemessen, und dann, tja, pünktlich zum
Sonntag war der warme Frühling da. Ein strahlend blauer Frühlingstag wartete an Elbe und Alster auf die über
10 000 angemeldeten Marathonläufer, kühl und klar am
Morgen, aber so ab 11:00 Uhr dürfte es dann doch ganz
schön warm werden. Wieder mußte ich an meine böse
Erfahrung während des vermaledeiten Laufs über 32 km
denken. Ich schwor mir, die Strecke mit der nötigen
Vorsicht anzugehen. Lieber etwas langsamer als einbre-
chen, hieß meine Devise.

Doch zuvor bekam ich noch ein weiteres Problem. Ich
fühlte mich seit Donnerstag nacht krank, hatte Glie-
derschmerzen, leichte Temperatur und allgemeines Un-
wohlsein. Nervosität oder Virus, das war jetzt die Frage,

aber ich wollte unbedingt am Sonntag starten. Ich ließ am Freitag den Lockerungslauf ausfallen und erholte mich ausschließlich passiv. Die Temperatur nahm nicht zu, am Samstag fühlte ich mich bereits wieder wohler, wenn auch noch nicht völlig wiederhergestellt, so daß ich mit Herbert Steffny ein kleines Lockerungsläufchen unternahm. Abends bereitete ich mir meinen Haferbrei aus pürierten Früchten, Bananen, ganz feinen Haferflocken und Milch für den nächsten Morgen zu, und dann war es nach einer letzten, gut verbrachten Nacht soweit.

Morgens um sieben weckte mich der Wecker, und ich frühstückte eine ordentliche Menge meines Breis, dazu trank ich Tee. Brustwarzen mit Pflaster abkleben, Achseln, Schritt und Füße mit Vaseline eincremen, rein in die Klamotten, nochmals die Liste meines Trainers rekapitulieren – Schuhe und Strümpfe waren gut eingelaufen, Brustwarzen geschützt, Vaseline aufgetragen – und los. Ich war nervös, auch wenn ich mir nach außen nichts anmerken ließ, aber, und das war heute besonders wichtig, ich fühlte mich wieder völlig frei von Beschwerden und demnach topfit. Gegen 8:30 Uhr holte mich Herbert Steffny mit seiner Familie ab, Chip und Nummer – ich hatte die Startnummer 50 – wurden befestigt, in der Nähe des Start-/Ziel-Bereichs an der Hamburger Messe liefen wir uns nach einer spontan zustande gekommenen Pressekonferenz noch einige Zeit warm, hier ein Interview, dort ein Foto, zehn Minuten vor dem Beginn suchten wir unseren Startbereich auf,

sehr viele Fragen und Hallos von unbekannten Lauf-
freunden, und dann, pünktlich um 10:00 Uhr, ging es
auch schon los. Zwei riesige Kolonnen von Läuferinnen
und Läufern bewegten sich Richtung Reeperbahn, kurz
vorher wurden sie zu einem Feld zusammengeführt,
und dann ging es weiter über die leere Reeperbahn Richtung Westen, über Altona, Ottensen nach Othmarschen
hinaus. Dort wurde dann nach etwa sechs Kilometern
zum ersten Mal die Richtung gewechselt, und fortan liefen wir über die feine Elbchaussee in die gerade Gegen-
richtung nach Osten, Richtung Hamburg-Centrum.
Draußen im Hamburger Westen war die Stimmung
prächtig, in den vornehmeren Gegenden saßen Anwoh-
ner beim Champagnerfrühstück in ihren Campingstüh-
len und prosteten den keuchenden Läufern fröhlich zu.
In Ottensen spielte dann zum ersten Mal eine Dixieband
auf, die Fans am Straßenrand waren zu dieser frühen
Stunde schon sehr gut drauf und feuerten uns heftig an.
Weiter zog sich der Lauf in Richtung St. Pauli Lan-
dungsbrücken, im großen Bogen südlich an der Elbe
entlang und dann östlich um die Altstadt herum, durch
eine längere Unterführung am Hauptbahnhof vorbei,
Binnenalster, Außenalster, und schließlich in Uhlen-
horst weg von der Alster nach Barmbek und weiter hinauf in Hamburgs fernen Norden. Ich bekam bei meinem
ersten Marathon nicht allzuviel mit von der Umgebung
und der Atmosphäre, weil ich mich ganz auf den Lauf
konzentrierte, aber es war dennoch beeindruckend, die
Unterschiede der Stadtteile und der Fans am Straßen-

rand zu erleben. Hamburg war für mich bis dahin eine fremde Stadt, seit dem Marathon ist mir die Hansestadt in ihrer Buntheit und Unterschiedlichkeit eigentlich recht vertraut. Ein Citymarathon ist keine üble Art, fremde Städte im wahrsten Sinne des Wortes »laufend« kennenzulernen.

In Barmbek selbst wie auch auf den Kilometern davor war die Stimmung prächtig, der Himmel wunderbar blau, die Sonne strahlte, und die Hamburger waren so langsam alle aufgestanden und feuerten die Läufer nach Leibeskräften an. Und immer wenn wir uns einem alten Ortskern näherten und die Menschen links und rechts der Straße dichter standen und demnach die Stimmung heißer wurde, nahm das Feld unmerklich Tempo auf. Herbert Steffny hatte mir geraten, mich bei 132–135 Pulsschlägen pro Minute zu halten. Ich konnte die Tempoverschärfungen an meinem Pulsmesser ablesen, der dann 140 und mehr anzeigte, ohne daß die Beschleunigung körperlich spürbar gewesen wäre. Das Adrenalin tat ganz offensichtlich seine Wirkung, und ich mußte an Waldemar Cierpinskis Wort von der »Disziplin« denken. Bloß nicht übermütig werden.

Dafür sorgte freilich mein unermüdlicher Begleiter und Trainer, der streng die Kilometerzeit kontrollierte, mich mit Wasser und einer Mischung aus Apfelsaft, Cola und Kochsalz versorgte, auch regelmäßig zum Trinken anhielt und ansonsten die Gespräche mit den allfälligen Laufkameraden führte, die mich permanent ausfragen wollten. Manche trieben es gar toll, so daß mir bisweilen

Hamburg-Marathon, 19. April 1998, mit Herbert Steffny (rechts)

angst und bange wurde, denn ich fürchtete zu stolpern. Ein besonders Vorwitziger legte sich dann auch prompt vor mir in vollem Lauf der Länge lang hin, weil er unbedingt im Rückwärtslaufen mit mir reden wollte, und ich hatte Mühe, einem Zusammenstoß auszuweichen. Bisweilen war die Situation schon leicht verrückt. Aber je länger der Lauf dauerte, desto ruhiger und wortkarger wurden die Mitläufer. Dennoch wurde ich immer wieder hart bedrängt, denn viele Läufer wollten einfach mit mir laufen, »mit aufs Bild«, wie es so schön heißt und was ja nachvollziehbar war. Solange sie mich nicht zum Stolpern brachten oder mit mir reden wollten, sollte mir das auch egal sein. Meine Begleiter hatten auf jeden Fall alle Hände und Beine voll zu tun.

In Barmbek hatten wir die Halbmarathondistanz bereits hinter uns gelassen, und nun begann sich die Strecke zu ziehen, wurde lang und länger. Die Kilometer dehnten sich subjektiv immer weiter, die Zuschauer waren weniger geworden, und noch waren die 30 Kilometer nicht erreicht. Die Beine waren zwar zu spüren, aber es lief sich dennoch hervorragend, ruhiger Rhythmus und keine wirkliche Ermüdung. Nur die Monotonie drückte in der langen zweiten Hälfte etwas aufs Gemüt. Da hörte ich hinter mir etwa bei Kilometer 27 oder 28 – wir hatten die City Nord bereits passiert – die Stimme eines mitlaufenden Reporters der bekanntesten deutschen Boulevardzeitung, wie er seiner Redaktion mit einem leichten Bedauern in der Stimme auf Anruf und per Handy mitteilte: »Nein, der läuft ruhig sein Tempo. Der kommt mit Sicherheit an.« Das war für meinen Kopf geistige Aufbaunahrung vom Feinsten.

Der junge Mann von der Boulevardzeitung hatte sich am Start ordentlich vorgestellt. Seine Zentralredaktion habe ihn aus Süddeutschland eingeflogen, er selbst sei Marathonläufer, so um die 2:45 Std. herum, und er wolle mich begleiten. Ich konnte nichts dagegen haben, denn selbstverständlich stand es jedem Läufer frei, da zu laufen, wo er wolle. Ich bat ihn aber um Rücksichtnahme und daß er mich während des Laufs in Ruhe lassen sollte, und ich konnte mich über meinen unfreiwilligen Begleiter wirklich nicht beschweren. Zwar klingelte dann und wann sein Handy, und er hatte an seine Redaktion zu berichten. Ich wurde auch das Gefühl nicht los, leicht geierhaft von hinten taxiert zu werden, wann ich denn nun endlich alle viere von mir zu strecken gedächte, aber diesen Gefallen würde ich ihm eh nicht tun. Wie auch immer, je länger der Lauf ging, desto mehr kümmerte sich auch mein mitlaufender Beobachter von der Presse um mein körperliches Wohl und bildete einen zusätzlichen Sicherheitsfaktor gegen gefährliche Rempeleien. Irgendwie gehörte er zu unserer Gruppe dazu, und ich war ihm dankbar dafür.

In Eppendorf – längst waren wir bereits wieder auf Südkurs gegangen, Richtung Ziel – hatte ich dann zum ersten Mal in meinem Leben die magische 36-Kilometer-Marke erreicht, und es trat genau das ein, was mir Herbert Steffny prophezeit hatte: »Wenn du gut vorbereitet bist und dein Tempo läufst, wirst du lediglich langsam müde werden.« In der Tat, vom »Mann mit dem Hammer« keine Spur. In Eppendorf trafen wir zudem auf eine großartige Volksfeststimmung, die Menschen standen dicht an dicht gedrängt und ließen uns kaum eine zwei Meter breite Gasse zum Durchlaufen. Die Stimmung übertrug sich direkt auf die Beine, und es ging trotz zunehmender Müdigkeit besser voran. Bloß jetzt nicht stolpern! Ich konzentrierte mich also voll auf die Strecke und bekam von dem ganzen Geschrei und Rummel nur sehr wenig mit. Und dann hatten wir plötzlich wieder die Außenalster erreicht, nur diesmal das Westufer, und das hieß, daß das Ziel nicht mehr weit vor uns lag. Dann bogen wir auch schon rechts ab zum Bahnhof Dammtor, die Straße stieg leicht an, wir waren am Bahnhof vorbei, bogen noch einmal links ab in die Karolinenstraße, und dann war das Ziel erreicht. 42,195 Kilometer in einer elektronisch gemessenen Nettozeit von 3:41:36 Std., und von 10 134 Läufern, die im Ziel ankamen, war dies der 4179. Platz. Na also.

Körperlich war ich nach dem Zieleinlauf in ganz guter Verfassung, da wäre durchaus noch eine bessere Zeit drin gewesen, aber aus den genannten Gründen war es besser, Vorsicht walten zu lassen. Kein Zusammenbruch, keine Qualbilder, sondern in passabler Verfassung und guter Zeit den Marathon beendet, das hatte ich mir vorgenommen, und das genau hatte ich hiermit auch erreicht. Der Lauf selbst war ein großes persönliches Erlebnis gewesen, an das ich in den kommenden Wochen noch oft denken sollte, wenn ich Zeit hatte,

Hamburg-Marathon, 19. April 1998

meinen eigenen Gedanken nachzuhängen. Am Ziel wartete eine Wand von Fotografen auf mich, durch die kein
Durchkommen war, so daß wir ziemlich abrupt an-
halten mußten. Ein ruhiges Auslaufen war leider nicht
möglich, und so mußte ich mir schlicht Mühe geben, die
Beine anzuhalten, denn mein Geläuf wollte einfach weitermachen. Zuerst war ich deshalb etwas wacklig beim
Stehen, aber das gab sich schnell. Später wurde ich tod-
müde, und noch etwas später bekam ich einen Bären-
hunger, aber ansonsten fühlte ich mich sehr gut, und das
sollte sich auch in den folgenden Tagen und Wochen
nicht ändern.

Ich hatte es also geschafft, ich war meinen ersten Marathon gelaufen! Nur eindreiviertel Jahre nach meinem ganz persönlichen Desaster im Sommer 1996 und mit Erreichen meines fünfzigsten Lebensjahres hatte ich meinen ersten Marathonlauf erfolgreich hinter mich gebracht. Ich dachte zurück an jenen unseligen August vor knapp zwei Jahren. Vom Abnehmen zum Marathon! Alles hatte mit dem Vorsatz begonnen abzunehmen, und siehe da, es hatte funktioniert. Ein anderes Programm, ein anderer Lebensstil, andere Ziele und andere Prioritäten sowie eine unerschütterliche Disziplin und viel Geduld und Ausdauer hatten diese ganz persönliche Wende, ja Erneuerung möglich gemacht. Die beruflichen Herausforderungen, ja, meine gesamten Lebensumstände hatten sich nicht wirklich verändert, und dennoch waren sowohl das Abnehmen als auch der Marathon in solch kurzer Zeit möglich geworden.

VII
Mein Lauf zu mir selbst

Mit dem Marathon war mein letztes Ziel erreicht. Ich war erschöpft, glücklich und stolz zugleich. Wie so oft im Leben ist der Zieleinlauf die schönste Zeit, denn mit dem Erreichen eines Ziels beginnt sogleich die Frage nach dem Danach. Mit meinem persönlichen Erfolg von Hamburg hatte ich zugleich meine letzte und größte läuferische Herausforderung bewältigt und fiel anschließend in ein kleines Motivationsloch. Wie weiter jetzt? Was sollte ich mir noch weiter vornehmen? Kommt Zeit, kommt Rat, sagte ich mir, zur Eile bei der Beantwortung dieser Frage bestand ja überhaupt kein Anlaß, und ergo ließ ich es einige Wochen nach Hamburg läuferisch sehr ruhig angehen. Ab der zweiten Wochenhälfte machte ich wieder ruhige, langsame Joggingläufe über 10 km, und zwei Wochen später wechselte ich wieder zwischen schnelleren und langsameren Trainingseinheiten. Selten lief ich täglich mehr als 10 km, diese Strecke aber dafür regelmäßig fünf- bis sechsmal die Woche. Ernährung und Lebensstil blieben ebenfalls unverändert, denn ich wollte unbedingt Form und Figur halten.

Die Verhältnisse hatten sich gründlich verkehrt. Das tägliche Laufen war für mich zu Beginn immer nur ein *Mittel* gewesen, um einen ganz bestimmten *Zweck* zu erreichen, nämlich abzunehmen. Dieser Zweck war erreicht worden, sehr gut sogar, nur daß sich mittlerweile die Zweck-Mittel-Relation völlig verkehrt hatte. Das Laufen war sich selbst Zweck genug geworden, und ich wollte und will diese fast tägliche Erfahrung von Körper und Bewegung, Anstrengung und innerer Ruhe einfach nicht mehr missen. Mit dem Marathon war auch der innere Umbau abgeschlossen, dies spürte ich sehr klar. Ich wußte jetzt, daß ich meinen neuen Lebensstil gefunden hatte, daß der Jojo-Effekt definitiv überwunden war und daß ich auch in Zukunft dem Laufen treu bleiben würde. Es gab ja durchaus die eine oder andere Verdächtigung, die mir unterstellte, ich würde den Marathon nur als Werbegag laufen. »Idioten«, dachte ich mir dazu, denn was hatte ich in den vergangenen Monaten nicht alles an Training geleistet. Die vielen Stunden allein auf der Straße waren nicht für einen PR-Gag gewesen. »Aber was soll's«, dachte ich mir, »du hast dies ausschließlich und allein für dich selbst getan. Laß reden, was immer wer reden will.« Ich brauchte auch keine neue läuferische Herausforderung mehr, denn ich hatte zu mir selbst gefunden. So stand mein Entschluß fest: Ich werde einfach weiterlaufen!

Wie unzählige andere Freizeitläufer bin ich meinen

Halb-Marathon in Stuttgart, Juni 1998

Marathon ausschließlich gegen mich selbst gelaufen, nicht gegen die Uhr und auch nicht gegen Konkurrenten. Gewiß, die Cracks laufen um Sieg und Platz, um Bestzeiten und gegen die Gegner, ein Wettkampf eben. Dies gilt aber nicht für die unzähligen Freizeitläufer, die den Charme und die Massenfaszination eines Stadtmarathons ganz wesentlich mitbestimmen. Oft über zehntausend und mehr Läufer laufen hier vor allem für sich selbst und gegen sich selbst – und viele unter ihnen tun dies immer wieder. Über diese Strecke zählt die Leistung eines jeden einzelnen, denn die 42,195-Kilometer-Distanz durchgehalten zu haben und angekommen zu sein ist eine große Leistung gegen sich selbst.

Dennoch gibt es für mich aus meiner bescheidenen Freizeitperspektive einen wichtigen qualitativen Unterschied zwischen Wettkampf und Training, wobei der Begriff »Training« eigentlich in die Irre führt. Gemeint ist hier der Unterschied zwischen dem Laufen für mich und dem Laufen in einem Wettkampf. So schön und fordernd der Wettkampf auch immer sein mag, die wirkliche Erfahrung des Laufens findet sich für mich nur allein mit mir selbst. Wie bereits gesagt, es macht dabei überhaupt nichts, wenn man in Begleitung läuft, solange diese nicht ablenkt und man sich selbst überlassen bleibt. Manch merkwürdigen und kuriosen Typen begegnete ich beim Laufen, und alle hatten sie diesen auf unendlich gestellten Blick in den Augen. Einer sprach mich mal an, als wir uns am Rheinufer begegneten, ohne mich zu erkennen. Wir liefen einige Kilometer in die-

Klatschnaß unterwegs im bayrischen Wahlkampf, 1998

selbe Richtung, und mein Gefährte des Zufalls redete so
vor sich hin, das übliche Läufergarn eben über Marathon, Läufe durch die Wüste etc. Der Typ fing an zu
nerven, als mich sein Monolog unversehens zu inter-
essieren begann. Er fragte mich recht unvermittelt, ob
ich denn beim Laufen schon meinem Buddha begegnet
wäre. Ich war zuerst ziemlich perplex, dann wunderte
ich mich darüber, daß mich offensichtlich die Esoterik
bereits beim Laufen eingeholt hatte, aber dennoch war
jetzt meine Neugierde geweckt. Was wollte mir der Typ
mit seinem Buddha sagen? Er liefe, sagte er mir noch,
um eben seinem Buddha zu begegnen, und zwar seit
vielen, vielen Jahren. Sprach's, bog links ab und war

auch schon weg, bevor ich ihm eine verdutzte Antwort zuhecheln konnte.

Keine Angst, liebe Leserschaft, Laufen hat, trotz dieses komischen Kauzes am Bonner Rheinufer, nichts mit Esoterik zu tun, auch wenn man in der Laufszene gewiß jede Menge Gurus findet. Weder der »runner's high« noch der »laufende Buddha« sind mir bis heute wirklich begegnet. Vielleicht habe ich da ja das eigentliche Erlebnis noch vor mir, auch wenn ich diesbezüglich in meinen Erwartungen sehr pessimistisch bin. Dennoch vermittelt das Laufen eine starke meditative Erfahrung, und die ist mir mittlerweile, neben der körperlichen Fitneß, zum wichtigsten Inhalt beim Laufen geworden. Es gibt zwei Grundtypen von Läufern: die einen suchen die Gesellschaft, den Kontakt und das Gespräch, die anderen die Einsamkeit, die Ruhe und die Meditation. Und genau das letztere ist es, was ich so sehr am Laufen liebe.

Freilich ließ das Jahr 1998 nicht viel an Einsamkeit zu. Mehrere Landtagswahlkämpfe und ein langer Bundestagswahlkampf zwangen mich zu einem ganz anderen, zu einem monatelangen politischen Marathon durch alle deutschen Bundesländer. Am 14. Juni lief ich ohne weitere Vorbereitung in Stuttgart noch einen Halbmarathon, dann kam der bayrische Landtagswahlkampf, kurz unterbrochen durch zwei Wochen Urlaub und Laufen in der Crete, und dann ging es voll in den Wahlkampf. Am 10. August vermerkt mein Tagebuch: »Aachen, Dreiländereck, heiß, hart, Berg, Tempo; 35° C, 11 km, 0:56:49 Std.« In der Tat. Es war ein heißer

Düsseldorf-Kaiserswerth, während des Bundestagswahlkampfs 1998, mit Reporter

und schwüler Nachmittag gewesen, fast fünfzig bis sechzig Läufer am Start, und vom Start an ging es bergauf. Das Feld fiel sehr schnell auseinander, und das Tempo wurde von zwei jungen Frauen gemacht, die einen wunderbaren Stil liefen, der fast schwerelos wirkte. Die Strecke war hügelig, die Temperatur gnadenlos und das Tempo sehr hoch. Wie ich später erfuhr, handelte es sich bei den beiden Läuferinnen um Ultramarathonis, die beide als junge Mütter zum Ultramarathon gekommen waren. Am nächsten Tag, in Düsseldorf am Rheinufer, war es mit 37° C noch heißer, dann Bielefeld wieder mit 35° C und den Anstiegen im Teutoburger Wald, auch alles andere als einfach. Vor allem hatte ich jetzt fast

täglich Tempo zu bolzen, denn die mit jedem Wahl-
kampftag wechselnden Läufer wollten es jedesmal
irgendwie wissen. Von Meditation war da nichts mehr
zu finden.

Am Ende dieses Wahlkampfs hatte ich nicht nur politisch, sondern auch läuferisch alle Bundesländer durch-
eilt. Den einsamen sportlichen Höhepunkt erreichte ich
am 15. August, einem Samstag, und zwar in Jena. Es war
ein schwüler früher Nachmittag, 28 Grad heiß, und es
sollte über ca. 13 Kilometer durch die Jenaer Kernberge
gehen. Jena liegt im Tal der Saale, das dort tief in den
Kalkstein der höher gelegenen Umgebung einschneidet.
Diesen steilen Anstieg nennt man die »Kernberge«. Wir
starteten mit einem Feld von etwa dreißig Läufern, und
nach etwa einem Kilometer ging es bereits steil einen
Waldweg entlang hinauf, bis etwa auf die halbe Höhe
der Kernberge. Das Tempo war von Beginn an ziemlich
stramm, und an dem ersten langen Anstieg brachen bereits viele weg. Der Kalkstein brütete in der Sommer-
sonne, als wir mehrere Kilometer mit hohem Tempo
über einen sehr schmalen Saumpfad in halber Höhe das
Tal entlangliefen. Nach ca. sieben Kilometern kam der
zweite Anstieg, und dort wurden wir noch weniger.
Oben auf der Höhe angekommen, sammelte sich eine
Gruppe von gerade noch ganzen sechs Läufern, und ein
junger Mann machte an der Spitze weiterhin ein sehr
heftiges Tempo. Am Ende liefen wir zu dritt nach 13 Kilometern und 1:11:24 Std. im Ziel ein. Das Feld war
völlig zerlegt worden, und die Läufer kamen schließlich

In Jena vor den Kernbergen

einzeln in ganz kleinen Gruppen und mit teilweise erheblichen Zeitabständen an. Jena war eindeutig die »Königsetappe« in diesem läuferischen Bundestagswahlkampf gewesen. »Jena-Kernberge, Wettkampf, sehr steil, hart, Form exzellent«, findet sich in meinem Tagebuch, und noch heute träume ich manchmal von diesem Lauf. Er hat fast mehr Eindrücke bei mir hinterlassen als mein erster Marathon.

Der Ausgang der Bundestagswahlen hat zwar sehr viel in meinem Leben geändert, gewiß aber nicht das Laufen. Zeit findet sich fast immer, wenn man nur will. Selbst der engste Terminkalender und der größte Streß des deutschen Außenministers lassen in der Regel an irgendeiner Ecke des Tages oder der Nacht noch Luft für einen Lauf über 10 Kilometer. Oft wurde (und werde) ich jetzt in die Nachtstunden gedrückt, bisweilen sogar nach Mitternacht. Vor allem im Winterhalbjahr gehört die Dunkelheit beim Laufen mehr zum Regelfall als zur Ausnahme. Ja, und selbstverständlich wurden die Laufstrecken auch internationaler: Washington, New York, Rio, Jerusalem, Dakar, London, Beirut, Rom, Lappland, um nur einige zu nennen.

Und dennoch kehre ich vor allem immer wieder und überaus gerne in die Crete zurück. Dort, wo alles für mich in einem gewaltigen persönlichen Desaster im Sommer 1996 begonnen hatte, liegt heute noch mein schönstes und liebstes Laufrevier. Die Hitze, der Staub, die Hügel und das unvergeßliche Licht der Toskana – all das zieht mich immer wieder zurück. In diesem Sommer lief ich meine ganz persönliche Horrorstrecke von Torre a Castello nach Asciano sogar hin und zurück, 24 Kilometer, davon 13 Kilometer richtig heftig steile An- und Abstiege. »2:23:13 Std.«, vermerkt mein Tagebuch, »maximale Härte.« Die Strecke von Torre nach Asciano oder vice versa (12 km, wobei der Rückweg mehr Anstiege enthält und deswegen wesentlich schwerer ist und über zwei Minuten länger dauert) hatte ich mir in den Jahren zuvor klopfenden Herzens nur einmal zugetraut, jetzt lief ich sie neben den 24 Kilometern insgesamt fünfmal in diesem Urlaub. Zudem »besuchte« ich noch per pedes einen sehr guten Freund, dessen Haus 20 Kilometer und einige herbe Hügel entfernt in der Crete liegt.

Vor dem Kapitol

Mein altes Leben, der gewaltige Bauch, die Pfunde, die gänzlich andere Ernährung – all dies scheint mir heute eine Ewigkeit zurückzuliegen. Wenn ich alte Bilder und Filmausschnitte sehe, denke ich mir selbst: »Mensch, wie konntest du nur?« Ich hatte mich bereits selbst aufgegeben. Dabei liegt diese Zeit erst drei Jahre zurück. Mein ganz persönlicher Umbau bedurfte großer Anstrengungen und einer eisernen Willenskraft, aber zugleich stellten sich die Veränderungen in Gewicht und Umfang schneller ein als gedacht. Und die glücklichste Fügung in all diesen Umbrüchen war die, daß ich mich für das Laufen entschieden habe. Vielleicht meinte jener laufende Kauz, der mir die Geschichte über die Suche nach seinem Buddha erzählt hat, ja nur die eine Botschaft: *Es geht!* Man muß nur bereit sein, die ersten Schritte zu tun, und dann immer weiter laufen.

Das Lauftier in dir –
Jogging ohne Qual!

Ein Nachwort von Herbert Steffny

Vielleicht hatten Sie Ihr letztes Erfolgserlebnis beim Laufen mit einem Jahr, als Sie unter der anerkennenden Aufmunterung Ihrer Eltern der Schwerkraft zum ersten Mal auf zwei Beinen trotzten? Danach haben wir scheinbar nur noch eins im Sinn, nämlich, uns diese dem Menschen so ureigenst auf den Leib geschneiderte Bewegungsform über Dreirad, Roller, Fahrrad, Mofa und Führerschein systematisch abzugewöhnen. Vielleicht haben Sie Laufen aus Ihrer Schulzeit noch in traumatischer Erinnerung? Ohne Training mußten Sie sich einem 1000-Meter-Test unterwerfen, für die meisten ein Streichergebnis. Wir »surfen« im Internet, »laufen« beim Einkaufsbummel in der Stadt, aber landläufig versteht man darunter eigentlich »gehen«. Diese sprachliche Verschiebung ist Kennzeichen unserer modernen Gesellschaft mit ihrer Bewegungsarmut und den damit verbundenen Zivilisationskrankheiten.

Immerhin stirbt jeder zweite an Herz-Kreislauf-Er-krankungen.

Eigentlich sind unsere Gene – Joschka Fischer hat im vorhergehenden darauf hingewiesen – noch die eines »Lauftiers«, also auf Bewegung programmiert. Sie än-dern sich nicht in ein paar Jahrzehnten Müßiggangs. Jahrmillionen war Fitneß eine Notwendigkeit zum Überleben. Der Urmensch war ein ausdauernder Jäger und Sammler, kein besonders schneller Läufer, eher ein »Walker und Jogger«. Der tägliche Aktionsradius zum Nahrungserwerb betrug viele Kilometer. Der rasante technische Fortschritt der letzten 200 Jahre machte bei uns aus körperlich stark geforderten Hirtennomaden, Jägern, Bauern und Handwerkern wohlhabende, be-quemliche und übergewichtige »couch potatoes«, deren wichtigste Freizeitbeschäftigung das »Pantoffelkino« ist und die rückengeschädigt bei der Arbeit überwiegend im Büro oder hinter dem Lenkrad ihres Autos sitzen. Biologische Systeme brauchen aber zu ihrem Erhalt einen ständigen (Bewegungs-)Reiz. Bleibt dieser aus, so wird die Struktur oder Funktion, weil scheinbar nutzlos, abgebaut. Das passiert mit den kontinuierlich schrumpfenden Muskeln im Gipsverband, mit unterfor-derten Knochen und Gelenken und auch mit unserem Herz-Kreislauf-System.

»Gesundheit ist gewiß nicht alles, aber ohne Gesundheit ist alles nichts!« sagte Arthur Schopenhauer. Noch nie hatten die USA, das »Mutterland« des Joggings und des »light food«, soviel Übergewichtige wie heute, auch wenn als Reaktion auf Bewegungsarmut und steigende Zivilisationskrankheiten der seit 1968 millionenfach verkaufte Bestseller »Aerobics« von Dr. Kenneth Cooper die Jogging- und Walkingwelle in den USA auslöste, die dann zu uns hinüberschwappte.

Auch die Deutschen belegen europaweit in puncto Fitneß und Körpergewicht Schlußplätze. 1975 startete die deutsche Lauftreffbewegung, und es erschien das erste Laufmagazin »Spiridon«. Der Boom der Citymarathons seit den Achtzigern gipfelt in bis zu 40 000 Läufern in Boston und zwei Millionen Zuschauern in New York. Freizeitsport, Trimmtrab und Lauftreff werden zur Ersatzhandlung für frühere, bewegungsreichere Tage.

Joschka Fischer ist derzeit der prominenteste deutsche Fitneßläufer. »Unter dem Druck einer persönlichen Katastrophe« vollzog er einen längst fälligen Systemwechsel. Er ist das Aushängeschild eines neuen Booms, einer sanften Laufbewegung. Nicht mehr Bestzeiten und Tempobolzen wie in den siebziger oder achtziger Jahren sind Trumpf, sondern Jogging für Abnehmen, Fitneß, Gesundheit und Lebensqualität bis ins Rentenalter. Joschka Fischers Wende macht Übergewichtigen und Älteren Mut. Das Leben ist nach 40 noch lange nicht vorbei. Sein »geist- und körperreinigender Egotrip«, gepaart mit Willensstärke von olympischem Format, vom mühseligen Einstieg mit 112 Kilogramm bis zum Marathonlauf mit 50 Jahren motiviert viele, die sich eigentlich längst schon abgeschrieben haben. Er zündete als hervorragender Autodidakt »die Kerze von zwei

Enden an«. Fitneßexperten wissen, daß Abnehmen nur sinnvoll in der Kombination Ernährungsumstellung mit Bewegung funktioniert.

Früher belächelt, genießen Marathonläufer heute Respekt. Sie verfügen über außerordentliche Willensstärke, Zielstrebigkeit, können lange Durststrecken überwinden und erweitern ihre körperlichen und geistigen Grenzen. Es muß kein Marathon sein, laufen geht auch kürzer. Jogger sind heute eigentlich das herumlaufende schlechte Gewissen der noch Inaktiven. Sie kennen die Ausrede: Ich hab keine Zeit! Joschka Fischer kann man kaum vorwerfen, er hätte zuviel davon. Statt Kompensation mit Zigaretten, »Frustfressen« und Alkohol in Kneipen griff er zu Laufschuhen und wurde zum Genußläufer, zum »Laufgourmet«. Aufbau statt Raubbau. Laufen gibt ihm Zeit nachzudenken, zu meditieren, er findet dabei Harmonie und innere Ruhe. Es ist gewonnene Zeit. Zwischen Flughafen und Bundestagssitzung schiebt er einen kleinen Dauerlauf, und seine Batterie ist wieder voll.

Laufen ist mehr, als stur ein Bein vor das andere zu setzen. Sie schlagen mehrere Fliegen mit einer Klappe: Ruhiges Jogging stärkt das Herz-Kreislauf- und Immunsystem, hält die Gefäße elastisch, schmiert die Gelenke und stabilisiert die Knochen, es regelt den Blutdruck und Blutzuckerspiegel, senkt Cholesterin, sensibilisiert für eine gesündere Ernährung, vermindert das Körpergewicht und baut auf natürliche Art und Weise die Streßhormone ab. Insbesondere im Alter bedeutet das eine erheblich verbesserte Lebensqualität. Laufen oder walken kann man in jedem Alter, es ist nie zu spät einzusteigen. In New York berichtete mir ein 90jähriger Marathonläufer, daß er mit dem Laufen erst mit 75 begonnen habe! Man benötigt wenig Ausrüstung, produziert keine Abgase und Lärm. Es ist sehr zeiteffizient, und man kann es eigentlich überall, zu jeder Jahreszeit, mit der richtigen Funktionskleidung bei jedem Wetter ausüben. Eigentlich alles klar, wenn da nicht die Trägheit wäre, sich aufzuraffen. Die längste Reise beginnt bekanntlich mit dem ersten Schritt:

- Wenn Sie über 35 Jahre alt sind oder längere Zeit keinen Sport betrieben haben, sollten Sie sich von einem sporterfahrenen Arzt grünes Licht geben lassen.
- Laufen ist billig. Trainieren Sie nicht in irgendeinem Fitneß-Schuh, sondern kaufen Sie sich in einem Fachgeschäft mit Beratung einen richtigen »Laufschuh«, sonst ruinieren Sie sich die Knochen.
- Ziehen Sie pflegeleichte und schweißtransportierende Funktionstextilien an.
- Wer orthopädische Beschwerden hat, nicht sehr fit, stark übergewichtig, schwanger oder älter ist, sollte es vielleicht zunächst mit Radfahren, Schwimmen oder Walking, dem flotten Gehen mit Armeinsatz, versuchen.
- Laufen Sie nicht bei Schmerzen, einem Infekt oder Fieber!
- Suchen Sie Gleichgesinnte im Bekanntenkreis oder einen Lauftreff.

- Beginnen Sie auf einer flachen Strecke auf ebenem Waldboden.
- Atmen Sie frei und ungezwungen durch Mund und Nase, es wird sich ein natürlicher Atemrhythmus einstellen.
- Führen Sie die Arme locker nach vorne neben dem Körper, pendeln Sie nicht nach innen.
- Optimale Ausdauerfitneß erreichen Sie, wenn Sie ganzjährig dreimal die Woche wenigstens eine halbe Stunde in einem erstaunlich sanften Tempo ohne Qual joggen. Ein guter Maßstab ist die simple Regel, nur so schnell (bzw. langsam) zu laufen, daß man sich noch gut unterhalten kann.
- Sie können die Intensität auch mit einem Herzfrequenzmeßgerät steuern. Laufen Sie bei der Pulsfrequenz, die der Formel: 180 minus Ihrem Lebensalter (plus minus 10 Schläge) entspricht. Wer mit Laufen Fettpolster abbauen will, muß langsam und länger laufen. Wer schnell rennt, verbrennt mehr Kohlenhydrate, aber kaum Fett. Pro Kilometer verbrauchen Sie so viele Kilokalorien, wie Ihr Körpergewicht in Kilo wiegt.
- Kurze Gehpausen sind in den ersten Wochen erlaubt und sinnvoll.
- Lassen Sie Ihrem Körper Zeit, über Wochen und Monate in die neue Belastung hineinzuwachsen, sonst sind Verletzungen und Frust die Folge.
- Laufen Sie nicht immer schneller, sondern zunächst etwas länger oder öfter.

- Essen Sie spätestens eineinhalb Stunden vorher etwas Leichtes wie eine Banane, sonst können Sie Seitenstiche bekommen.
- Ersetzen Sie Schweißverluste mit Mineralwasser oder Fruchtsäften.
- Reduzieren Sie tierische Fette, Kaffee, Alkohol und Süßigkeiten. Essen Sie vermehrt Obst, Gemüse, Salate, Vollkornprodukte, Kartoffeln und Fisch.
- Ergänzen Sie Laufen durch Dehnungs- und Lockerungsübungen für Schultern, Waden und Oberschenkel, und kräftigen Sie Bauch- und Rückenmuskulatur.
- Führen Sie ein Trainingstagebuch.
- Nach einigen Wochen regelmäßigen Trainings wird Ihnen das Laufen immer leichter fallen, nach drei Monaten wollen Sie es nicht mehr missen. Viel Spaß!

Bildnachweis

Helmut Fricke, AP-Photo S. 19
Michal Ebner, Bild-Zeitung Berlin S. 23
Harry Braun, Presse-Foto-Service S. 27
privat S. 33, 41, 97, 101, 103, 149
Thomas Hegenbart, Focus S. 59, 83
Stefan Worring, Kölner Stadt-Anzeiger S. 113
Eckehard Schulz, AP-Photo S. 129
Fotoagentur Wolfgang Rech S. 135, 143
Bongarts Sportfotografie S. 139
Jens Görlich, Stern S. 145
Jens Dietrich, NETZHAUT S. 147
dpa S. 151